BOCKWURST & CHAMPAGNER

ZU GAST BEI

DÉSIRÉE

LEMPERTZ

IMPRESSUM

Math. Lempertz GmbH
Hauptstr. 354
53639 Königswinter
Tel.: 02223-900036
Fax: 02223-900038
info@edition-lempertz.de
www.edition-lempertz.de

Rezepte: Désirée Nick

Rezeptfotos: Oliver Brachat

Fotos und Titelbild: Boris Trenkel

Bilder aus dem Privatarchiv: Désirée Nick (S. 3, S. 5 Portraits Nick, S. 6, S. 8, S. 9 Bild rechts oben, S. 17 Bild rechts oben, S. 18, S. 22, S. 28, S. 30, S. 34, S. 36, S. 40, S. 46, S. 51 rechts unten, S. 52, S. 54, S. 56, S. 60, S. 66, S. 69 kl. Bild unten links, S. 71 Bild unten rechts, S. 74, S. 76, S. 82, S. 84, S.87 rechts unten, S. 88, S. 90 links unten, S. 92, S. 94, S. 100, S. 104 alle Bilder, S. 106, S. 108, S. 115 rechts oben, S. 116, S. 120, S. 124)

Seite 87 rechts oben: Karl Graf zu Castell-Rüdenhausen

Umschlag Rückseite Bild oben und Seite 126: Micky Göhler

weitere verwendete Symbole, Hintergründe:
Ornaments designed by Freepik

Pixabay, Yousz; Pixabay; Pixabay, Prawny

Lektorat: Annemarie Ulrich

Layout/Satz: Kerstin Pfeiffer

Druck und Bindung: Neografia, Slowakei

ISBN: 978-3-96058-499-5

Widmung

Dieses Kochbuch entspringt der Liebe zu meinem Sohn Oscar Prinz von Hannover.

Mir wurde die Ehre zuteil, den nobelsten jungen Mann der Welt erziehen zu dürfen und ich hoffe, dass unsere Leibspeisen irgendwann einmal an die nächste Generation weitergegeben werden. Daher sei dir diese Sammlung unserer Familienrezepte gewidmet! Ich wünschte, ich dürfte für euch alle jeden Tag kochen!

Deine Mama

Danksagung

Ich wäre heute nicht die Köchin, die ich bin, wenn nicht Experten mein Vorbild wären. Daher danke ich einem der besten Profiköche der Welt, unserem Freund Jeans Fischwasser, der seine Mission der Kulinarik sogar auf meinen Sohn Oscar übertragen hat. Mein Kochbuch wäre ohne seine Unterstützung gewiss nicht das geworden, was es ist. Und dies gilt auch für die Visagistin Angelique Waltenberg, die dafür Sorge getragen hat, dass ich besser aussehe, als ich es tatsächlich tue, wenn ich für 8 Personen Kartoffeln schäle oder Heringe anbrate.

Mein Dank gilt auch der konstruktiven Zusammenarbeit mit dem Verlag Edition Lempertz, dessen gute Geister für die perfekte Komposition, aus Grafik, Foodstyling und die Kontrolle meiner Rezepte verantwortlich sind, damit es genauso appetitlich aussieht, wie es schmecken soll. Daher großer Dank für die Zeit und Geduld, die es braucht aus Tausenden von Möglichkeiten das Beste auszuwählen. Die Auswahl fiel mir sehr schwer, insbesondere für das Kapitel Backen. Ich horte an die Hundert Rezepte selbsterfundener Lieblingstorten und habe mich daher blindlings auf das Urteil der Verlegerin Antje Heel verlassen. Wichtig wäre mir, dass meine wundervollen Leser einfach alles ausprobieren!

Hoffen wir, dass ich eine Inspiration sein kann, vieles nachzukochen und sich den Luxus zu gönnen, an einem schön gedeckten Tisch durchaus stilvoll zu dinieren. Und zwar immer!

Wohl bekommts und schreibt mir unbedingt wie es geschmeckt hat, und vor allem zeigt mir wie es auf eurem Teller ausgesehen hat, wenn es heißt: „bitte zu Tisch!“

Wir sehen uns auf Social Media oder leibhaftig im Theater!

nickdesiree Homepage: www.desiree-nick.de

Inhalt

Vorspeisen

Rosmarin-Champignons mit Knoblauchbrot oder Pilzragout mit Pasta . . . 12
Krabbencocktail . . . 14
Picknick-Brot . . . 18

Salate

Kartoffelsalat . . . 22
Gurkensalat . . . 26
Bayrischer warmer Kartoffelsalat . . . 28
Bloody-Mary-Burrata-Salat . . . 30

Suppen

Omas Hühnersuppe . . . 34
Kartoffelsuppe . . . 36
Linsensuppe (mit Gänsekeulen) . . . 40
Désis Seelentröster-Hühnersuppe . . . 42

Hauptgerichte

Eier in Senfsauce . . . 46
Cottage- oder Shepherds Pie-Royal . . . 48
Omas Kohlrouladen . . . 52
Butter Chicken . . . 54
Brathuhn mit geschmolzenen Zwiebeln . . . 56
Lagerfeuer – Hühnerkeulen aus der Hand . . . 60
Hühnerbrust mit Reis und Spargel à la Dési . . . 64
Stroganoff . . . 66
Skateintopf . . . 68

Nudelgerichte

Spaghetti mit Krabben . . . 74
Pasta Amore . . . 76
Bolognese halb und halb . . . 80
Fettuccine à la Mama . . . 82
Gnocchi mit Spinat . . . 84
Carbonara Express . . . 88
Teutonenpesto . . . 90
Spaghetti mit Fleischbällchen in Tomatensauce . . . 92

Desserts

Dekadenz im Glas . . . 98
Marmormousse mit kandierten Rosenblättern . 100
Kandierte Rosenblütenblätter . . . 102
Zitronencreme für Kinder . . . 106
Trifle Royal . . . 108

Gebäck & Torten

Bananen-Walnuss-Kekse . . . 112
Marzipantorte mit Rosen . . . 116
Pfirsichtorte dekadent . . . 118
Glasierter Orangenkuchen . . . 120
Banoffee-Torte . . . 124
Limonencheesecake . . . 126

Vorwort

Es wurde wirklich Zeit, meine ganz persönlichen Lieblingsrezepte zusammenzutragen und die Tür zu meinem Landhausidyll zu öffnen.

Die Rezepte in dieser Sammlung liegen mir wahrlich sehr am Herzen. Es sind die Gerichte, die schon immer in meinem Repertoire gewesen sind und die auch in Zukunft meine Favoriten bleiben werden.

Es sind allesamt meine kleinen und großen Triumphe am Herd: Mein Geheimnis ist eine unschlagbare Kombination aus eher wenigen Zutaten und sehr viel gutem Geschmack, mit einem Ergebnis, welches garantiert ein zufriedenes Lächeln bei all jenen hervorruft, denen es serviert wird. Betonen möchte ich auch, dass diese Rezepte alltagstauglich sind, da sie aus der *Real Reality* einer freiberuflichen, alleinerziehenden Tingeltangel-Künstlerin geboren sind.

Kreativität mag generell in meiner DNA sein, aber ich weiß nur zu gut, dass im Alltag in ein Mittag- oder Abendessen nicht allzu viel Energie investiert werden sollte.

Neben der Verantwortung für Haushalt, Beruf, Familie, Verwandtschaft und der Vielzahl all unserer täglichen Aktivitäten, ist es einfach nicht möglich, in einer Art und Weise das Kochen zu zelebrieren, wie es früher noch bei den Großeltern üblich war. Was eine Mahlzeit jedoch im Ergebnis immer sein sollte: delikat, nahrhaft und befriedigend. Sonst schmiere ich mir lieber eine Stulle!

Der Star meiner Show am Herd sind immer die Zutaten. Wenn ich von einem Stil sprechen darf, dann strebe ich an, von den einfachsten Zutaten das Allerbeste zu verwenden und das in Kombination mit einem Minimum an Aufwand. Simpel soll es sein! Anders wäre es gar nicht möglich, wenn man als alleinerziehende Mutter mit 10 Berufen, vielen Reisen und Tourneen sowie 600 qm Wohnfläche und einem halben Hektar Garten einen Haushalt bewältigen muss.

Egal, ob man aus dem Büro heimkehrt, abendliche Events oder Veranstaltungen besucht, seit frühmorgens auf den Beinen ist, schweißtreibende Reisen hinter sich hat, ich halte es für äußerst therapeutisch, Zeit in der Küche zu verbringen. Andere meditieren, ich koche.

Wenn man dies in den Alltag integrieren kann, kommt der Verzicht auf Fast Food und schlechte Essensgewohnheiten von ganz alleine. Es gibt mit Sicherheit bessere Köchinnen als mich, die raffiniert exotische Spezialitäten zu jonglieren wissen und ihr Sushi selber machen. Wenn ich all dies auch bei anderen genieße, gilt für mich: Mein Leben ist zu kurz, um Erbsen mit Reis zu füllen.

Ich improvisiere mit dem, was immer ich in Kühlschrank und Speisekammer finde. Dafür gehe ich 1–2-Mal im Monat zum Großeinkauf, um mich mit Vorräten einzudecken und besorge Gemüse, Kräuter, Fleisch und Milchzutaten frisch.

Ja, die Sache mit der Vorratshaltung ist entscheidend für mich: Ich bin ein großer Fan von einer gut bestückten Vorratskammer, die gelegentlich durch spontane Frischware ergänzt wird, aber es ist

einfach nicht umsetzbar für mich 2-Mal die Woche den Bauernmarkt zu besuchen und mich für exotische Gewürze einen halben Tag lang auf die Suche zu begeben, Fleisch vorzubestellen und einen Fasan zu rupfen. Überblick in meinen Vorräten zu behalten, verleiht der ganzen Sache Struktur und ermutigt zu immer neuen Experimenten am Herd.

Leider fällt es mir zunehmend schwer, befriedigt im Lokal zu speisen. Meines Erachtens hat sich in den letzten 10 Jahren ein Einheitsgeschmack von Convenience-Küche verbreitet und mir fehlt oftmals der individuelle Touch. Es schmeckt wirklich niemals so gut wie daheim und ich halte es für ein Zeichen von Lebenskultur mit individueller Handschrift, die ganz persönliche Note als Gastgeberin und Köchin zu hinterlassen.

Und ganz klar ist, dass diese Rezeptsammlung für meinen Sohn entstanden ist: Denn etwas anderes als seine Lieblingsspeisen wären bei mir nie auf den Tisch gekommen. Wozu auch? Nörgeleien am Esstisch gab es bei uns kaum, im Gegenteil, als Mutter eines Sohnes musste ich gleichzeitig die Aufgaben des Vaters übernehmen und dachte mir von Anfang an, dass Teamsport der beste Weg ist, allen Klischees über verwöhnte Einzelkinder aus dem Weg zu gehen. Was ich nicht ahnte, war, dass ich bald komplette Eishockey-, Fußball-, und Segelmannschaften bewirten würde. Nicht nur haben permanent viele Schulkinder bei uns - wann immer möglich - den Mittagstisch genossen, sondern auch liebend gerne übernachtet. Als mein Sohn dann mit 12 Jahren ins Internat nach England ging, habe ich meine Erfahrungen am Herd durch Einladungen und viele Gäste ausgeweitet, sodass die Küche nicht nur yummie war, sondern auch delikat.

Und dann folgten schließlich die Besuche von Sport- und Studienfreunden aus der ganzen Welt, weshalb ich mit den Klassikern der deutschen Küche glänzen wollte, allerdings immer liebäugelnd mit modernem und internationalem Flair.

Wenn du eine halbwüchsige Rudermannschaft bekochst, dann holst du dir besser Hilfe und setzt auf eine weniger raffinierte, dafür aber ausgesprochen unwiderstehliche Küche.

Heute höre ich oft, dass ich mich in die Herzen der Menschen koche – wenn ich doch nur mehr Zeit hätte, dies regelmäßig zu tun.

Ich darf wohl sagen: Wenn das Wasser nicht im Munde zusammenläuft, kommt es bei mir nicht auf den Tisch.

Ja, ich bin Amateur und habe äußerst knapp bemessene Zeit. Auch ich weiß, dass Tomatensauce und Bolognese am besten 4 Tage auf kleinster Flamme simmern sollte, dass Zeit das Geheimnis der besten italienischen Küche ist und dass der Hefeteig für gewisses Backwerk 4 Stunden gehen sollte. Für meine Lebensführung unrealistisch, daher habe ich mich für den Mittelweg entschieden.

Ich konnte auch nicht umhin, meine Rezepte mit kurzen Einleitungen zu versehen und mit meinen Vorschlägen und Anekdoten zu verknüpfen, was die Entstehungsgeschichte anbetrifft.

Was nicht praktikabel daherkommt, hat in meiner Küche leider keine Chance.

Hier finden sich einfach unsere Lieblingsspeisen, und ja, ich stehe für moderne Hausmannskost. Immer ein absolutes Highlight, gerade bei verwöhnten und anspruchsvollen Gästen.

Mein Favorit sind inspirierende Kombinationen und zeitlose Klassiker in neuer Variante, die meinem Lifestyle gerecht werden.

Man muss das Kochen wirklich fest einplanen, für sich und die Familie gute Hausmannskost zubereiten, denn Nahrung und Gesundheit, Energie und gute Laune bedingen einander und sind das Herz des Haushaltes.

Auch die Logistik, vieles vorab zu planen, mit einer Suppe 3 Tage lang versorgt zu sein, oder Speisen die – wie mein legendärer Skateintopf – von selber kochen, während man etwas anderes erledigen kann, das ist genau mein Stil.

Zeit und Geld spart man auch, wenn man immer prüft, was vorhanden ist, aufgebraucht oder kombiniert werden kann. Gute Planung ist die halbe Miete.

Im Restaurant erwarte ich etwas anderes als daheim, denn zu Hause ist der Ort, an dem die Gerichte so serviert werden sollen, dass Profit keine Rolle spielt und Zutaten großzügig bemessen sind.

Gutes Essen gehört für mich einfach zur Lebenskultur. Dies sollte man von Anfang an auch Kindern vermitteln. Festlich zu tafeln, das ist doch Teil der größten Freuden, die man haben kann. Und dazu gehört auch ein liebevoll hergerichteter Tisch.

Man wappnet sich damit für das, was vor einem liegt und reflektiert das, was geschehen ist. Man zelebriert und kommt zur Ruhe, wenn der Tisch

schön gedeckt ist und Sorgfalt davon zeugt, dass gutes Essen keine lästige Pflicht ist. Gute Gespräche und angenehme Atmosphäre gehen automatisch damit einher. Kinder essen einfach anständiger, besser und ernsthafter, als wenn sie eine Pappschachtel hingeknallt bekommen. All dies ist auch ein Teil des „guten Geschmacks".

Die Zeit, die man in der Küche verbringt, sollte komfortabel sein und bedeutet auch, tagtäglich innezuhalten und persönlich zur Ruhe zu kommen.

Der Geschmack von Kindern ist in hohem Maße formbar und ich war immer bestrebt, „guten Geschmack" anzuerziehen.

Ein Leben lang werden wir von Nahrungsaufnahme begleitet, also sollten wir dies zelebrieren, so gut es geht. So wird bei mir die häusliche Gemütlichkeit großgeschrieben, denn wenn man sich schon der Kochkunst widmet, dann sollte dies Freude und Spaß mit sich bringen.

Überzeugen Sie sich selbst, laden Sie einfach ein und fangen Sie einfach an!

Sie werden feststellen, dass delikate Küche eine Form von Kommunikation ist.

Wie unsere Kinder und unsere Gäste die Welt erleben, das beginnt und endet am Herd!

Somit lade ich Sie ein, mir auf Social Media mitzuteilen, was Sie von meinen modernen Klassikern und raffinierten individuellen Rezepten halten und auf welche Weise sie von Ihnen kredenzt worden sind!

Wohl bekommts!

Vorspeisen

meine liebsten Familien-Rezepte

Rosmarin-Champignons mit Knoblauchbrot

oder Pilzragout mit Pasta

So bescheiden es daherkommen mag, es ist eines unserer Lieblingsessen und mit zahllosen schönen Erinnerungen verbunden. Ob nach dem Eislauf, einfach zwischendurch, ob für Überraschungsbesuch oder als schnelles kleines Abendbrot. Geeignet natürlich auch als Starter für ein winterliches Menü – als delikater Appetitanreger. Der Clou: Das gesamte Rezept der Pilzmischung kann auch in die Mitte einer großen Platte Spaghetti oder Tagliatelle gehäuft werden, mit gehobeltem Parmesan abgerundet, muss es dann einfach nur gut durchgemischt werden. Funktioniert immer und gehört zu meinem festen Repertoire! Schmeckt auf der Almhütte ebenso wie als Einstimmung im Advent.

Zutaten für 4 Personen

400 g braune Champignons
4 Zweige Rosmarin
2 Stiele glatte Petersilie
1 Ciabatta
4 Knoblauchzehen
1 Schalotte
6 EL Olivenöl
1 EL Butter
2 EL dunkler Balsamicoessig
Salz, nach Belieben
frisch gemahlener Pfeffer, nach Belieben
250 g Kräuterquark

Die Champignons putzen, abreiben und halbieren. Rosmarin und Petersilie abbrausen und trocken tupfen. Von zwei Zweigen Rosmarin und der Petersilie die Blätter abzupfen und fein hacken. Den Backofen auf 180°C Umluft vorheizen und ein Backblech mit Backpapier auslegen.

Das Ciabatta im Abstand von 2 cm schräg einschneiden. Knoblauch schälen und eine Knoblauchzehe in eine Schüssel pressen. Fein gehackten Rosmarin mit 2 EL Olivenöl zum Knoblauch geben, salzen, pfeffern und verrühren.

Das Brot mit dem Kräuteröl von innen und außen einpinseln und für 10 Minuten im Backofen knusprig rösten.

Die Schalotte schälen und fein würfeln. Eine große Pfanne mit 4 EL Olivenöl und der Butter erhitzen. Die Champignons mit der Schalotte darin 4 Minuten unter Wenden anbraten. Die übrigen Rosmarinzweige und die 3 ganzen Knoblauchzehen beigeben und 3 Minuten mitbraten. Dann die Knoblauchzehen entfernen.

Die Pilze mit dem Balsamicoessig ablöschen, kurz reduzieren lassen und mit Salz und Pfeffer nachwürzen. Die gehackte Petersilie untermischen und die Pilze in eine Schüssel geben.

Mit dem Kräuterquark und dem Ciabatta servieren.

Krabbencocktail

Ich erinnere mich gerne an die Rezepte der 60er -/70er-Jahre, denn sie sind nicht ohne Grund zum Klassiker avanciert. Krabbencocktail gehört in meine Retrokollektion – die saftigen Krabben in Kombination mit einer pikanten Sauce auf einem knackigen Bett von Salat, das erfrischt und hat Biss. Das Gericht ist zwar simpel, aber auch ein fabelhafter Weg, Kinder zum Genuss von Krabben anzuregen. Auf jeden Fall sind die Krabben selbst anzubraten, denn das macht den entscheidenden Unterschied. Es sollte unbedingt auf die Qualität der Krabben geachtet werden. Mayonnaise und Ketchup in einer Flasche durchzuschütteln, mag nicht sehr edel sein, aber gerade deswegen ist diese Sauce für einen Krabbencocktail unschlagbar. Zurecht ein Klassiker, der besonders liebevoll angerichtet in einem Cocktailglas die Herzen erfreut.

Zutaten für 4 Personen

1 TL Olivenöl

100 g rohe, geschälte Krabben

Salz und Pfeffer, nach Belieben

1 Romanasalat

2 Frühlingszwiebeln

1 Avocado

Für die Cocktailsauce:

2 EL Mayonnaise (halbfett)

2 EL Tomatenketchup

1 TL Cayennepfeffer

Saft von 1 Zitrone

1 TL gehackte Minze

Eine Pfanne bei hoher Hitze mit Olivenöl benetzen und die Krabben 5 Minuten braten, bis sie rosa werden. Mit Salz und Pfeffer abschmecken und zum Abkühlen zur Seite stellen.

Die Blätter vom Romanasalat abzupfen und säubern. Die Salatblätter in Glasschalen verteilen. Die Frühlingszwiebeln putzen und in dünne Ringe schneiden. Die Frühlingszwiebeln über die Salatblätter streuen.

Für die Cocktailsauce alle Zutaten in eine Flasche füllen und kräftig schütteln.

Die Avocado schälen und entkernen und in Scheiben schneiden. Die Avocadoscheiben auf den Salatblättern verteilen. Dann die abgekühlten Krabben darüber häufen und die Cocktailsauce darüber geben.

Dazu ein knuspriges Baguette oder Knoblauchbrot (s. S. 12) reichen.

Picknick-Brot

Jahrelang ist mein Sohn bei der Royal Regatta in Henley angetreten und dies bedeutete nicht nur, dass ich dem beigewohnt habe, sondern dass ständig Proviant bereitgestellt werden musste. Immer, wenn die Eltern aufgerufen wurden, einen Brunch zu improvisieren, brachte ich dieses Brot mit, welches der perfekte Begleiter zu Käse und Weintrauben ist. Mit einer Flasche Chardonnay sollte es in keinem Picknickkorb fehlen. Das Allerbeste: Es ist in wenigen Minuten fertig!

Zutaten für 1 Brot

Utensilien: Brotbackform (Kastenform), 20 cm lang

285 g Weizenmehl

3 TL Backpulver

1 kräftige Prise Salz

100 g Butter + etwas zerlassene Butter zum Beträufeln

130 g alter Cheddar

2 TL gehackte Petersilie und / oder Schnittlauch

1 Ei, Größe L

110 ml Milch

½ rote Zwiebel

30 g getrocknete Tomaten in Öl

Den Backofen auf 200°C Umluft vorheizen. Die Backform fetten oder mit Backpapier auslegen.

Mehl, Backpulver und Salz in eine Schüssel sieben und die Butter in Flöckchen darüber geben. Den Käse reiben und die Kräuter hacken. ¾ vom geriebenen Käse und ¾ von den gehackten Kräutern mit in die Schüssel geben.

Das Ei mit der Milch verquirlen, die Zwiebel in feine Ringe schneiden, die Tomaten abtropfen lassen und hacken. Alles schnell unter die trockenen Zutaten mischen, aber nicht zu lange rühren, sonst wird das Brot hart.

Den Teig in die vorbereitete Backform füllen und ihn mit etwas zerlassener Butter beträufeln. Mit dem restlichen Käse und den restlichen Kräutern bestreuen.

Das Brot im vorgeheizten Ofen 30–40 Minuten goldbraun backen.

Es sollte zu einer Käseplatte mit Käsestreifen, Weintrauben und mit einem Chutney gereicht werden. Von diesem Brot bleibt garantiert nichts übrig. In Alufolie eingeschlagen ist das Brot ein idealer Proviant für unterwegs.

Salate

meine liebsten Familien-Rezepte

Kartoffelsalat

Braucht man wirklich ein weiteres Kartoffelsalatrezept? Überall gibt es Variationen, die mich überzeugen, aber es gibt eben auch jene, auf die man immer zurückkommt, wenn man sich daran erinnert, wie begeistert Family und Friends genau dieses Rezept genossen haben. Schnell soll es gehen, gelingsicher sein und vor allem lecker und unkompliziert. Natürlich kann man auch Mayo nehmen, die fettreduziert ist, was ich gar nicht gerne tue!

Zutaten für 4–6 Personen, je nach Volumen

1 kg Kartoffeln, extra für Salat (Annabelle)

4 Eier, Größe L

4 Gewürzgurken

250 g Mayonnaise

½ TL Paprikapulver, edelsüß

Salz, nach Belieben

schwarzer Pfeffer, nach Belieben

etwas Gurkenwasser zum Abschmecken

1 Bund Schnittlauch zum Bestreuen

Kartoffeln abbürsten und mit der Schale in reichlich kochendem Wasser ca. 20 Minuten garen. Anschließend abgießen und kalt abschrecken. Die Kartoffeln zum Auskühlen in den Kühlschrank stellen. Die ausgekühlten Kartoffeln pellen und in ½ cm dicke Scheiben schneiden.

Die Eier hart kochen, abschrecken, pellen und zwei Eier würfeln. Die anderen beiden Eier in Scheiben schneiden und zur Seite stellen.

Die Gurken in dünne Scheiben schneiden.

Mayonnaise mit Paprikapulver, Salz, Pfeffer, sowie Gurkenwasser abschmecken und kräftig in einer Flasche schütteln oder mixen.

Schnittlauch in Röllchen schneiden.

Die Kartoffeln in einer Schüssel auslegen, einen Teil der Eier und Gurken zugeben und etwas Sauce darüber verteilen. Dann die nächste Schicht auslegen und beträufeln. So weiter verfahren, bis alle Zutaten verbraucht sind.

Die restlichen Eier als Rand um den Salat dekorieren und mit Schnittlauchröllchen bestreuen. Gut durchziehen lassen.

Passt perfekt zu Wiener Würstchen oder Gegrilltem.

Warme

Gurkensalat

Und hier mein Dauerbegleiter im Sommer zu Grillfleisch, Steaks oder einfach so zwischendurch mit herrlichen neuen Petersilienkartoffeln oder Wedges, Rosmarinkartoffeln oder Spätzle.

Zutaten für 4 Personen
1 Salatgurke
Salz, nach Belieben
1 Zwiebel
200 g saure Sahne
50 g süße Sahne
weißer Pfeffer, nach Belieben
Saft von ½ Zitrone
2 EL Zucker
1 Bund Dill

Gurke schälen, in eine tiefe Schüssel hobeln und salzen.

Zwiebel schälen und fein hacken.

Saure und süße Sahne mit Pfeffer, Zitronensaft und Zucker vermischen. Dill waschen, trocknen, hacken und unter die Sauce rühren.

Die Gurkenscheiben gut auspressen und den Saft abgießen.

Gurken und Zwiebel in eine Schüssel geben und mit der Sauce mischen.

Bayrischer warmer Kartoffelsalat

Auf dieses Rezept wollte ich nicht verzichten, weil ich gerade zu Rostbratwürsten und Grillfleisch immer auf den lauwarmen bayrischen Kartoffelsalat zurückkomme. Mit Sauerkraut und bei jedem Barbecue ist er der Star und natürlich muss er frisch serviert werden, bevor er abkühlt. Begeisterung ist garantiert! Auch als Hauptgang mit einer Laugenstange oder als Begleiter zu einem Brathendl ist er ein kulinarisches Highlight.

Zutaten für 4 Personen

1 kg gekochte festkochende Kartoffeln

100 g geräucherter Speck

2 Zwiebeln

4 EL Öl

⅛ l Fleischbrühe

100 ml Essig

Salz, Pfeffer und Zucker, nach Belieben

1 Bund Schnittlauch zum Bestreuen

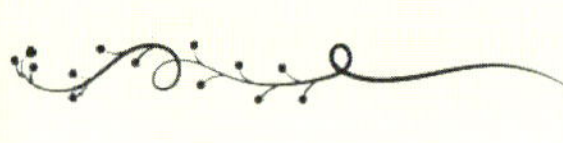

Kartoffeln in dünne Scheiben schneiden und in einer Schüssel aufschichten.

Den Speck würfeln, die Zwiebeln schälen und fein würfeln. In einer hohen Pfanne Öl erhitzen und die Speckwürfel darin auslassen. Die Zwiebelwürfel zufügen und glasig dünsten. Mit Fleischbrühe auffüllen und abschließend mit Essig, Salz, Pfeffer und Zucker abschmecken.

Die warme Brühe über die geschichteten Kartoffeln gießen und 30 Minuten ziehen lassen. Den Schnittlauch in Röllchen schneiden und den Salat damit bestreuen und servieren.

Perfekt zu gegrillten Thüringer Rostbratwürstchen.

Bloody-Mary-Burrata-Salat

Egal zu welcher Jahreszeit, dieser Salat ist unser ständiger Begleiter und auch von jenen zu bewältigen, die sich sonst nie in eine Küche verlaufen. Man mag sich wundern, warum es dafür extra eine Rezeptur geben muss, nun, ich habe ihn mit Bloody-Mary-Dressing aufgepeppt. Ich bin Spezialistin, wenn es gilt, Kinder zu gesunder Kost zu verführen, und es ist ganz klar, dass dieses Rezept alkoholfrei ist.
Sowohl im Sommer als auch zwischendurch ein toller Salat, der auch durch seine Optik punktet. Selbst wenn er nur von Country Fries begleitet wird, er ist der Star auf jeder Tafel! Es ist wundervoll, in die Mitte der Tafel eine große Platte zu stellen, die Burrata aufzubrechen und sich jeden ganz nach Wunsch bedienen zu lassen.

Zutaten für 6 Personen

750 g bunt gemischte helle und dunkle Tomaten unterschiedlicher Größe

1 Burrata-Kugel

2 Hände voll Basilikumblätter, nach Belieben

Salz und Pfeffer, nach Belieben

Für das Dressing:

75 ml Tomatensaft

4 EL Olivenöl

1 TL Worcestershiresauce

2 TL Balsamicoessig

Tabascosauce, nach Belieben

1 Prise Zucker

Die Tomaten waschen, aufschneiden und auf einer großen Platte anrichten. Die Burrata in die Mitte legen, mit Basilikumblättern bestreuen und mit Salz und Pfeffer bestreuen.

Die Zutaten für das Dressing in eine Flasche geben und gut durchschütteln. Ein wenig von dem Dressing über die gesamte Platte träufeln, den Rest in einem Krug separat servieren.

Dazu gibt es warmes, aufgebackenes Ciabatta.

Suppen

meine liebsten Familien-Rezepte

Omas Hühnersuppe

Eine hausgemachte Hühnersuppe ist wahrlich Seelennahrung. Gleichzeitig wird die gute, alte Suppenterrine geehrt, denn am schönsten ist es, wenn mit einer Kelle ordentlich nach Belieben Nachschlag genommen werden kann. Mit frischem Gemüse, angereichert mit großzügigen Hühnerstücken, gibt es dieses Gericht in keinem Restaurant der Welt, so wie es sein sollte: hausgemacht, kochend heiß und irgendwie auch eine Erinnerung an die gute alte Zeit.

Mein Familienrezept geht so:

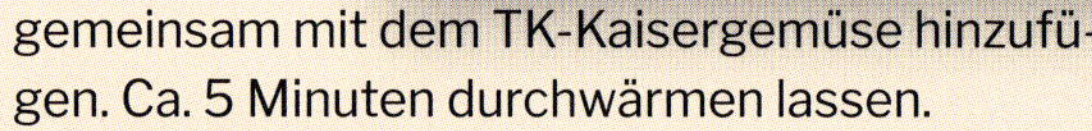

Zutaten für 4 Personen

1 Poularde (ca. 1,5 kg)
Salz, nach Belieben
1 Bund Suppengrün
2 Lorbeerblätter
5 Pfefferkörner
3 Möhren
300 g Zuckerschoten, nach Belieben
1 Packung TK-Kaisergemüse
200 g Buchstabennudeln
1 Bund glatte Petersilie
Pfeffer, nach Belieben
Maggie-Würze, nach Belieben

Das backfertige Huhn kalt unter fließendem Wasser auswaschen und in einen Topf geben. Mit kaltem Wasser bedecken und einen ½ TL Salz beifügen. Aufkochen lassen. Schaum ggfs. abschöpfen.

Suppengrün putzen, waschen, schälen und in grobe Stücke schneiden. Gemüse mit Lorbeerblättern und Pfefferkörnern zum Huhn geben und 1½ Std. auf kleiner Flamme köcheln lassen.

Huhn aus dem Topf nehmen, beiseitestellen und abkühlen lassen. Brühe durch ein Sieb wieder in den Topf gießen. Das Gemüse entsorgen. Das Huhn abgekühlt enthäuten, vom Knochen lösen und in schmale Streifen zupfen oder schneiden.

Möhren schälen und in dünne Scheiben schneiden, zu der Brühe geben und 5 Minuten köcheln.

Die Zuckerschoten putzen und gemeinsam mit dem TK-Kaisergemüse hinzufügen. Ca. 5 Minuten durchwärmen lassen.

Nudeln separat in einem Topf ca. 5 Minuten garen.

Petersilie waschen, trocken tupfen und hacken.

Zerteiltes Hühnerfleisch und die Nudeln in den Suppentopf geben und mit Salz und Pfeffer abschmecken.

Die Suppe mit gehackter Petersilie bestreut servieren. Nach Belieben mit Maggie-Würze abrunden.

Dazu warmes Baguette oder Ofenbrot reichen.

Kartoffelsuppe

So viele Rezepte, wie es für den Kartoffelsalat gibt, so unterschiedlich kann man die Kartoffelsuppe abwandeln. Ich schwöre auf den Klassiker, der auch nicht mit dem Pürierstab zu einem Brei gerührt wird. Ich mag Kartoffelscheiben und leckere regionale Würstchen, damit es nach ursprünglicher Landküche schmeckt. Nichts geht über eine gute Suppe, die nahrhaft und rustikal ist und immer in einem großen Suppentopf auf unangemeldeten Besuch wartet. Was gibt es Schöneres an kalten Regentagen als bei Kerzenschein sein Süppchen zu löffeln?

Zutaten für 4 Personen

1 Zwiebel

1 Bund Suppengrün

1 kg Kartoffeln, vorwiegend festkochend

2 EL Öl

1,5 l fertigen Gemüsefond oder Brühe

1 Lorbeerblatt

Salz und Pfeffer, nach Belieben

4 Paar Wiener Würstchen, Knacker oder regionale Knackwürste

1 Bund glatte Petersilie zum Bestreuen

Maggie-Würze, nach Belieben

Zwiebel schälen und hacken. Suppengemüse putzen und waschen, schälen und würfeln. Kartoffeln schälen, vierteln und in mundgerechte, nicht zu kleine Würfel, schneiden.

Das Öl im Suppentopf erhitzen und die Zwiebel mit dem Gemüse unter Rühren andünsten. Zuletzt die Kartoffeln hinzufügen und mit schmoren.

Brühe angießen, Lorbeerblatt, Salz und Pfeffer hinzufügen und bei kleiner Hitze 25 Minuten garen bzw. köcheln lassen.

Petersilie waschen, trocken tupfen und hacken.

Würstchen in Scheiben geschnitten hinzufügen, mit Petersilie bestreuen und mit Maggi-Würze nach Belieben servieren.

Linsensuppe
(mit Gänsekeulen)

Über viele Jahre war dies stets das Begrüßungsessen meines Sohnes, wenn er in den Weihnachtsferien nach Hause kam. Eigentlich ist es das auch geblieben. Zu Weihnachten werden einfach die Wiener Würstchen durch Gänsekeulen ersetzt. Diese werden unter fließendem Wasser gewaschen, trocken getupft, beidseitig gepfeffert und gesalzen und einfach in die Saftpfanne des Backofens gelegt, um bei 180°C Umluft 1 Stunde gegart zu werden. Zum Schluss einfach die Linsensuppe in eine große Terrine füllen und in die Mitte jedes Suppentellers einen Gänseflügel legen. Ein klassisches, heißes, nahrhaftes, leckeres Wintermahl voller Aromen.

Zutaten für 6 Personen

750 g Kartoffeln, vorwiegend festkochend

2 große Möhren

2 Stangen Lauch

1 große Zwiebel

250 g mageren Räucherspeck

1,25 l Gemüsebrühe

250 g vorgegarte Tellerlinsen

3 Nelken

1 Lorbeerblatt

Salz und Pfeffer, nach Belieben

4 Würstchen, Knacker oder Wiener

Weißweinessig oder Balsamicoessig, nach Belieben

Die Kartoffeln schälen und würfeln. Die Möhren schälen und in Scheiben schneiden. Den Lauch putzen und in dünne Ringe schneiden. Die Zwiebel schälen und fein hacken.

Den Speck würfeln und in einem Topf in etwas Fett anrösten, am besten Gänsefett.

Nach wenigen Minuten die Kartoffelwürfel und die Möhrenscheiben dazugeben und 2 Minuten mitschmoren. Mit Brühe ablöschen und salzen. Lauch, Zwiebeln, Linsen, Nelken und das Lorbeerblatt hinzufügen und ca. 1 Stunde kochen lassen. Je nach Linsenprodukt die Garzeit anpassen. Bei vorgegarten Linsen können auch 30 Minuten genügen, auf die Packungsanweisung achten.

In den letzten 10 Minuten die Würstchen mit in der Suppe erhitzen, mit einem Schuss Balsamicoessig abrunden.

Désis Seelentröster-Hühnersuppe

Es gibt nun mal in unserer Kleinfamilie Favoriten und diese servieren wir dann in allen Varianten. Diese Hühnersuppe ist eine der besten Nudelsuppen der Welt, denn sie erweckt an herbstlich nassen Tagen oder winterlichen Abenden mitten in der Woche neue Energien. Unter Sportlern, Kindern und spontanen Gästen immer ein voller Erfolg und so einfach und schnell aus der Vorratshaltung gezaubert. Köstlich und voller Aroma, immer bejubelt!

Zutaten für 4 Personen

1,5 l fertiger Hühnerfond oder Brühe

450 g enthäutete Hühnerkeulen

6 Thymianzweige

1 Lauchstange

1 Zwiebel

1 Möhre

1 Knoblauchzehe

25 g Butter

150 g Champignonköpfe aus dem Glas (oder auch in Scheiben)

130 g Eiernudeln oder feine Suppennudeln

Salz und frischer Pfeffer, nach Belieben

1 EL gehackte Petersilie

Hühnerbrühe in einem großen Topf ansetzen und darin die Hühnerkeulen mit Thymianzweigen aufkochen. Hitze reduzieren und 25 Minuten simmern lassen. Dann die Keulen entfernen und abkühlen lassen, die Brühe ruhen lassen.

Den Lauch putzen und in dünne Ringe schneiden. Die Zwiebel schälen und in dünne Scheiben schneiden. Die Möhre schälen und in dünne Scheiben schneiden und die Knoblauchzehe schälen und zerdrücken.

Inzwischen in einer großen Pfanne die Butter schmelzen. Lauch, Zwiebel und Möhre beifügen und 3–4 Minuten andünsten. Knoblauch beifügen und nur 30 Sekunden anrösten.

Den Pfanneninhalt zur Brühe geben, Champignons beifügen, aufkochen, 10 Minuten simmern lassen.

Inzwischen das Hühnerfleisch vom Knochen lösen und in dünne Streifen ziehen.

Die Suppennudeln in einem separaten Topf nach Packungsanweisung kochen und abgießen.

Die Nudeln und das Hühnerfleisch in den Suppentopf geben, durcherhitzen, abschmecken und kochend heiß, mit Petersilie bestreut, servieren.

Hauptgerichte

meine liebsten Familien-Rezepte

Eier in Senfsauce

Kinder lieben Hausmannskost und selbst die verwöhntesten Gäste sind begeistert, wenn sie unerwartet an die Einfachheit schlichter, ursprünglicher deutscher Küche erinnert werden. Gastronomie und Sterneküche erheben einen ganz anderen Anspruch, der aber längst nicht so unverfälscht und pur, individuell und authentisch daherkommt. Genauso wie bei uns durchaus der Kartoffelbrei „Royal" zur Hauptmahlzeit avancieren kann, wird stets allseits gejubelt, wenn sich dazu noch die hart gekochten, großen, frischen Bio-Eier mit Senfsauce gesellen. Dieses Gericht strotzt vor Retro-Charme! Wir kommen immer wieder auf diese Delikatesse zurück, egal wer am Tisch sitzt. Die Zutaten: Kartoffeln und Eier und der Rest ist Magie!

Zutaten für 4 Personen

8 Bio-Eier, Größe L
2 Zwiebeln
5 EL Butter
3 EL Mehl
250 ml Gemüsebrühe
200 g Sahne
2 EL kräftiger Senf
Salz und Pfeffer, nach Belieben
frisch gehackte Petersilie zum Bestreuen

Die 8 Eier hart kochen und abschrecken.

Die Zwiebeln schälen und fein hacken. Butter in einem Topf erhitzen und die Zwiebeln glasig dünsten. Mehl zugeben und anschwitzen. Brühe und Sahne zugeben und unter ständigem Rühren aufkochen lassen. Die Sauce unter ständigem Rühren köcheln lassen, bis sie etwas angedickt ist. Den Senf in die Sauce einrühren und mit Salz und Pfeffer abschmecken.

Die Eier schälen und halbieren, in die Sauce geben und ziehen lassen.

Die Eier in Senfsauce mit Petersilie bestreut servieren.

Tipp: *Dazu passen Kartoffelbrei und ein grüner Salat. Anstelle von Petersilie kann auch Dill genommen werden.*

Cottage- oder Shepherds Pie-Royal

Sei es Cottage Pie (mit Rinderhack) oder Shepherds Pie (mit Lamm), dies ist das ultimative britische Comfort Food. In einer Auflaufform aus Glas serviert, besonders attraktiv und begleitet von einem grünen Salat ist es einer meiner Favoriten für verwöhnte Gäste. Es ist schlicht, bodenständig und einfach echt. Und das Beste: Der Pie kann perfekt vorbereitet werden und muss nur noch in den Ofen geschoben werden, wenn die Gäste eintreffen.

Zutaten für 6–8 Personen

Utensilien: 1 große Auflaufform oder feuerfeste Form aus Glas

2 große Zwiebeln

2 Selleriestangen

Öl zum Braten

1 kg mageres Rinderhackfleisch

50 g Mehl

200 ml Portwein

450 ml Rinderfond

1 EL Tomatenmark

2 EL Worcestershiresauce

4 Lorbeerblätter

1 kg Kartoffeln, mehligkochend

1 EL Butter

¼ l Milch

Salz und frisch gemahlener Pfeffer, nach Belieben

1 Prise Muskatnuss

50 g reifer, geriebener Cheddar

Zwiebeln schälen und hacken. Sellerie putzen und hacken.

In einer tiefen Pfanne oder Bräter das Öl erhitzen, gehackte Zwiebeln und Sellerie beifügen und ein paar Minuten anbraten. Das Hack dazugeben und mit dem Gemüse anbräunen. Mehl darüber stäuben und ca. 30 Sekunden anschwitzen.

Langsam, nach und nach den Portwein einrühren, ebenso Rinderfond, Tomatenmark, Worcestershiresauce und Lorbeerblätter. Die Hackmischung in dem Bräter auf mittlerer Hitze 30 Minuten garen lassen. Anschließend die Lorbeerblätter entfernen und leicht abkühlen lassen. Das Fleisch in die Auflaufform umfüllen.

Den Ofen auf 200°C Umluft vorheizen.

Die Kartoffeln schälen und vierteln. Die Kartoffelviertel in einem Topf mit kaltem Wasser aufsetzen und ca. 15 Minuten garen. Die Kartoffeln abgießen und ausdampfen lassen.

Milch und Butter in den heißen Topf geben und dabei die Kartoffeln kräftig zerstampfen. Die Konsistenz kann durch Beigabe von Butter und Milch oder Sahne leicht angepasst werden. Den Kartoffelstampf mit Salz und Muskatnuss abschmecken.

Den Kartoffelstampf über das Hackfleisch in der Auflaufform verteilen, bis es komplett verdeckt ist.

Mit geriebenem Käse bestreuen und im vorgeheizten Ofen 30–35 Minuten goldbraun backen.

Anmerkung: In einigen Regionen wird auf das Hackfleisch noch eine Schicht geriebene Karotte verteilt. Wer sie zur Hand hat, kann dies als Variante ausprobieren.

Cake

POTATOES
FLOWERS
&
GARDEN

Omas Kohlrouladen

Natürlich gehören Kohlrouladen zu den etwas aufwendigeren Rezepten, aber da sie definitiv einer der Lieblingsgerichte meines Sohnes sind und auch im Ausland als „Deutsche Hausmannskost" jeden begeistern, gehören sie einfach in dieses Buch. Einst gab es riesige Kohlrouladen bei uns daheim, ich habe die Menge und Größe reduziert. Die Freude ist jedes Mal groß und es ist und bleibt Hausmannskost vom Feinsten.

Zutaten für 4 Personen

Utensilien: Metallspieße oder Küchengarn

1 altbackenes Brötchen

etwas Milch zum Einweichen

1 Zwiebel

500 g gemischtes Hackfleisch

1 Ei, Größe L

1–2 EL Senf

Salz und Pfeffer, nach Belieben

Paprikapulver, nach Belieben

Majoran, nach Belieben

1 Weißkohl oder Wirsing

100 g gewürfelter Speck

500 ml Fleischbrühe

200 g Sahne

Das Brötchen für 10 Minuten in etwas Milch einweichen. Die Zwiebel schälen und fein würfeln.

Das Hackfleisch mit Ei, Senf, eingeweichtem Brötchen, Zwiebelwürfeln, ordentlich Salz, Pfeffer und Paprikapulver in eine Schüssel geben und gründlich verkneten. Zum Schluss noch nach Belieben getrockneten Majoran beifügen.

8 schöne große Blätter vom Kohl ablösen und kurz in heißem Wasser blanchieren. Eiswasser bereitstellen und die Kohlblätter darin abschrecken. Auf jedes Blatt eine kleine Menge Hackfleisch geben, das Blatt aufrollen und mit Küchengarn zusammenbinden oder Metallspieße verwenden.

In einer tiefen Pfanne oder gusseisernem Bräter die Speckwürfel anbraten, die Kohlrouladen hinzufügen und von allen Seiten scharf anbraten, bis sie Farbe bekommen haben.

Die Brühe angießen und zugedeckt 30 Minuten schmoren lassen.

Rouladen herausnehmen. Die Brühe mit Sahne aufgießen und einkochen lassen. Die Sauce evtl. mit etwas Mehl abbinden. Mit wenig Salz und Pfeffer abschmecken.

Die Kohlrouladen am besten mit der Sauce zu Kartoffelbrei oder Salzkartoffeln servieren.

Butter Chicken

Nicht unbedingt eine Empfehlung für Veganer, aber ein saftiges, knuspriges Brathuhn ist ebenso ein Klassiker wie ein Wiener Schnitzel und ich vertrete die Meinung, man sollte die Delikatessen unserer Kultur nicht den Kindern vorenthalten. Wenn am Sonntag ein wenig mehr Zeit besteht und man sich auf ein gemeinsames Abendessen freut, ist es genau der richtige Moment, ein Brathuhn in die Röhre zu schieben. Man kann sich während der Garzeit entspannt in die Badewanne legen, schön den Tisch decken oder derweil einen delikaten Kartoffelsalat zubereiten.

Zutaten für 4 Personen

3 EL Thymian, Rosmarin und Petersilie

100 g weiche, gesalzene Butter

2 zerdrückte Knoblauchzehen

1 TL Senf

Schale und Saft von 1 Bio-Zitrone

Salz und frisch gemahlener Pfeffer, nach Belieben

1 Poularde (ca. 1,5 kg)

1 weitere Bio-Zitrone

4 Zweige Rosmarin

4 Zweige Thymian

Den Ofen auf 200°C Umluft vorheizen.

Thymian, Rosmarin und Petersilie waschen, trocken tupfen und hacken. Die Butter mit Knoblauch, gehackten Kräutern, Senf und Zitronenschale sowie Saft, Salz und Pfeffer in einer Schale gut vermischen.

Das Huhn auf ein Backblech legen und von innen würzen. Die zweite Zitrone vierteln und mit jeweils zwei Rosmarin- und Thymianzweigen in die Bauchhöhle des Huhns geben.

Vorsichtig die Haut des auf dem Rücken liegenden Huhns an den Hühnerbrüsten lockern und vom Fleisch lösen. ⅔ der vorbereiteten Buttermischung mit einem Löffel unter die Haut schieben und von außen knetend die Masse gleichmäßig verteilen. Der Rest der Butter wird mit einem Pinsel äußerlich auf der Haut des Huhns verteilt.

Die geviertelte Zitrone wird mit den restlichen Rosmarin- und Thymianzweigen um das Brathuhn herumdrapiert. Alles mit Salz und Pfeffer würzen.

Das Huhn 1 ¼ Stunden im Ofen braten.

Die goldbraune Haut wird knusprig sein und das Fleisch erhält eine wundervolle Infusion durch das Aroma von dem Senf, der Zitrone und den Kräutern.

Nach der Garzeit das Huhn auf Alufolie legen und 15–20 Minuten ruhen lassen.

Brathuhn mit geschmolzenen Zwiebeln

Nichts geht über ein knuspriges Brathuhn frisch aus dem Ofen. Wir sind damit immer so glücklich, dass wir teilweise auf die Beilagen komplett verzichten und es nicht selten mit einem Salat oder nur Baguette genießen. Das Entscheidende ist die Qualität des Geflügels und hier ist das Beste gerade gut genug, eben auch deshalb, weil es nicht mit Sauce, Zutaten und Füllung überdeckt wird. Aus den geschmolzenen Gemüsezwiebeln ergibt sich automatisch eine Art Chutney und wenn eventuell sogar noch Kartoffelbrei oder Röstkartoffeln bzw. Country Fries dazu serviert werden, wird daraus ein absolutes Festmahl.

Zutaten für 6–8 Personen

50 g weiche Butter

1 zerdrückte Knoblauchzehe

1 TL gehackter Thymian

Schale von 1 Bio-Zitrone

Salz und frisch gemahlener Pfeffer, nach Belieben

1 große Poularde oder 1 Brathuhn (ca. 2 kg)

2 große Gemüsezwiebeln

Thymianzweige, nach Belieben

Olivenöl zum Beträufeln

grobes Meersalz, nach Belieben

frisch gemahlener Pfeffer, nach Belieben

Für die Sauce:

Bratenflüssigkeit

50 g Mehl

100 ml Weißwein

500 ml Hühnerfond

ein paar Spritzer Worcestershiresauce

1 EL Johannisbeergelee

1 TL gehackter Thymian

Zubereitung siehe nächste Seite

Brathuhn mit geschmolzenen Zwiebeln

Den Ofen auf 180°C Umluft vorheizen.

In einer Schale Butter, zerdrückten Knoblauch, Thymian, Zitronenschale, Salz und Pfeffer zusammenrühren.

Das gewaschene, getrocknete Brathuhn auf ein Küchenbrett legen und die Buttermischung unter die angehobene Haut schieben und knetend gleichmäßig verteilen. Die Haut wieder gut andrücken.

Die Gemüsezwiebeln schälen und in dicke Scheiben schneiden. Thymianzweige in die Bauchhöhle legen. Das Huhn in einen Röster geben und die Zwiebeln drumherum verteilen.

Das Olivenöl über Keulen und Brust träufeln und mit grobem Meersalz und Pfeffer aus der Mühle würzen.

Für 1,5 Stunden im vorgeheizten Ofen rösten.

Das Huhn auf ein Holzbrett transferieren, mit Alufolie abdecken und 5 Minuten ruhen lassen.

Die Zwiebeln auf einer Platte anrichten.

Für die Sauce den Röster bei mittlerer Hitze auf die Herdplatte stellen und die Bratenflüssigkeit mit Mehl bestäuben. Wein, Fond, Worcestershiresauce und Johannisbeergelee einrühren. Unter Rühren mit dem Schneebesen 5 Minuten einkochen lassen. Anschließend abschmecken.

Die Sauce durch ein Haarsieb gießen und in eine kleine, vorgewärmte Terrine umfüllen. Zum Schluss den gehackten Thymian unterrühren.

Das Brathuhn auf die Servierplatte mit den geschmolzenen Zwiebeln geben und in die Mitte der Tafel stellen.

Am besten werden dazu Country Fries, also geröstete Kartoffelspalten, oder Baguette gereicht.

Lagerfeuer – Hühnerkeulen aus der Hand

Achtung Spoiler: Das Rezept funktioniert auch ohne Lagerfeuer! Wir haben das Glück, auf unserer Terrasse mehrere Feuerschalen zu haben und lieben es gelegentlich im Freien ein sehr simples Essen zu uns zu nehmen. Für die Abteilung Sportverein, Kindergeburtstag, Grillen oder Übernachten im Zelt im eigenen Garten ist dieses gemütliche Rezept genau das Richtige. Am liebsten bereite ich die Marinade am Vortag zu.

Zutaten für 6 Personen

12 Hühnerkeulen

Für die Marinade:

2 EL Paprikapulver, edelsüß

2 EL Worcestershiresauce

2 EL Ahornsirup

6 EL Olivenöl

2 zerdrückte Knoblauchzehen

Tabascosauce, nach Belieben

Salz und frisch gemahlener Pfeffer, nach Belieben

Den Ofen auf 220°C Umluft vorheizen. Eine feuerfeste Form mit Backpapier auslegen.

Die Zutaten für die Marinade in einer Flasche miteinander vermischen, gut schütteln und mit Salz und Pfeffer abschmecken.

Die Hühnerkeulen nebeneinander in eine Schale legen, mit der Marinade beträufeln und mindestens 30 Minuten oder am besten über Nacht durchziehen lassen.

Die durchgezogenen Keulen in die vorbereitete feuerfeste Form legen und die Marinade darüber gießen. Mit einem Pinsel alles gleichmäßig auf dem Fleisch verteilen, die Keulen in den Ofen schieben und 40 Minuten goldbraun rösten.

Hühnerbrust mit Reis und Spargel à la Dési

Wieder so ein genial simples Rezept, was sich von der Kinderlieblingsspeise zum Highlight jeder Dinnerparty hochgearbeitet hat. Für die Erwachsenen kam dann der Spargel hinzu. Alle Kinder lieben es, denn es präsentiert das Beste vom Huhn und zergeht auf der Zunge. Dieses geniale Gericht kommt edel daher und hat stets die höchsten Erwartungen erfüllt. Alles ganz in meinem Stil!

Zutaten für 4 Personen

2 EL Öl

50 g Butter

6 kleine Hühnerbrüste ohne Haut

Salz und frisch gemahlener Pfeffer, nach Belieben

6 Schalotten

30 g Mehl

400 ml Hühnerfond

1 ½ EL gehackte Zitronenthymianblätter

2 Kochbeutel Basmatireis oder je nach Hunger entsprechend mehr oder weniger

12 grüne Spargelstangen

Saft von 1 Zitrone

200 ml Crème fraîche

2 EL gehackte Petersilie

Den Ofen auf 180 °C Umluft vorheizen.

Die Hälfte des Öls und die Hälfte der Butter in einer großen, tiefen Pfanne oder Kasserolle auf dem Herd erhitzen. Portionsweise die Hühnerbrüste salzen und pfeffern und je 2 Minuten von beiden Seiten golden anrösten. Die Hühnerbrüste beiseitestellen und fortfahren.

Die Schalotten schälen und längs vierteln. Das verbliebene Öl mit Butter in dieselbe Pfanne geben, die Schalotten beifügen und bei hoher Temperatur 5–10 Minuten golden anrösten.

Das Mehl in eine Schale geben, 8 EL Hühnerfond nach und nach beifügen und mit einem Schneebesen verquirlen. Die Mischung in die Pfanne geben, aufkochen und den restlichen Hühnerfond beifügen. Den gehackten Thymian unterrühren.

Die Hühnerbrüste in die Sauce geben. Die Pfanne oder Kasserolle für 20 Minuten in das Bratrohr stellen, oder aber auf dem Herd mit einem Deckel 20 Minuten bei milder Hitze garen lassen.

Den Reis nach Packungsanweisung zubereiten.

Die holzigen Enden vom Spargel abschneiden. Das obere Drittel des grünen Spargels auf die gleiche Länge schneiden. Das zweite Drittel der Spargelstangen in mundgerechte Stücke schneiden. Den Spargel in kochendem Salzwasser

2–3 Minuten garen. Den Spargel abgießen und die Spargelspitzen herausnehmen.

Den Zitronensaft, die Crème fraîche und die gehackte Petersilie in die Sauce mit dem Huhn einrühren. Die Spargelstangen beifügen und aufkochen.

Die Hühnerbrüste herausnehmen und auf einer Platte jeweils in 3 Scheiben schneiden. Den zubereiteten Reis auf dem Essteller anrichten.

In der Mitte des Tellers die filetierten Hühnerbrüste platzieren, die Sauce darüber geben und jeweils drei gekreuzte grüne Spargelstangen auf die Filets legen.

Eine Delikatesse!

Stroganoff

Definitiv einer meiner Showstopper und gleichzeitig eine Leibspeise meines Sohnes! Ein klassisches Rezept, welches von mir optimiert wurde und simpel zubereitet wird, begleitet von lockerem Basmatireis, ein wahres Festmahl. Anstelle von Basmatireis passt aber auch sehr gut Kartoffelbrei dazu.

Zutaten für 4 Personen

500 g Schweinefilet
2 EL Sonnenblumenöl
2 große Zwiebeln oder 1 sehr große Gemüsezwiebel
300 g Champignons aus der Dose
25 g Butter
2 Kochbeutel Basmatireis
3 TL Paprikapulver, edelsüß
200 g Crème fraîche
1 TL Zitronensaft
Salz und frisch gemahlener Pfeffer, nach Belieben
1 EL gehackte Petersilie

Das Fleisch von Sehnen und Häuten befreien und diagonal in 1 x 6 cm große Stücke schneiden.

Eine große, beschichtete Pfanne erhitzen und das Öl hineingeben. Bei großer Hitze das Fleisch von allen Seiten braun anrösten, nicht länger als 3–4 Minuten. Beiseitestellen.

Die Zwiebeln schälen und in feine Würfel schneiden. Die Champignons halbieren.

In dieselbe Pfanne die Butter geben, gefolgt von den Zwiebeln, 1 Minute anrösten, dann die Hitze herunterschalten, die Pfanne mit Deckel schließen und 10 Minuten simmern lassen.

Den Reis nach Packungsanweisung zubereiten.

In die Pfanne nun das Paprikapulver und die Pilze dazugeben und 1 Minute kräftig anbraten. Das Fleisch in die Pfanne umfüllen, Crème fraîche hinzufügen und bei hoher Hitze aufkochen lassen. Dann bei mittlerer Hitze ca. 15 Minuten garen lassen.

Mit Zitronensaft, Salz und Pfeffer abschmecken und bei niedriger Hitze kurz garziehen lassen.

Den Reis in einer Terrine zur Selbstbedienung auf den Tisch stellen.

Abschließend das Fleisch mit der gehackten Petersilie bestreuen und servieren.

Skateintopf

Bevor ich überhaupt berühmt wurde, war dieses Gericht schon in den 90ern berühmt und avancierte durch die VIP-Kochshow von Alfred Biolek zum Kultstatus. Er war der eigentliche Erfinder der Kochsendungen mit Plauderei und nicht nur, dass ich einer der ersten Gäste gewesen bin, die Nachfragen nach dem Rezept haben die ARD kollabieren lassen. Da dieses geniale Rezept in einem meiner ersten Bücher veröffentlicht worden ist, bekomme ich seit Jahrzehnten Rückmeldungen dazu und wer es einmal gekocht hat, kommt nie wieder davon los. Von einem großen Topf kann man sich perfekt 3 Tage lang ernähren und es funktioniert mit Weintrauben ebenso wie mit Ananasstücken. Begleitet wird es von Desis Kartoffelbrei, der schon für sich selbst eine Delikatesse ist.

Zutaten für 6–8 Personen

1 kg Kasselernacken

3 Zwiebeln

3–4 EL Zucker

¼ l Wasser oder Ananassaft

1 kg Sauerkraut

1 Dose Ananas (250 g) in Stücken oder eine dicke Rebe knackige Weintrauben ohne Kerne

¼ l süße Sahne

Salz und Pfeffer, nach Belieben

Für den Kartoffelbrei:

1,5 kg Kartoffeln, mehligkochend

Salz, nach Belieben

120 g Butter

450–500 ml heiße Sahne

Muskatnuss, nach Belieben

3 EL Semmelbrösel in Butter angeröstet

Den Kasseler in Scheiben schneiden und anbraten, dann aus der Pfanne nehmen.

Die Zwiebeln schälen und würfeln. Die gewürfelten Zwiebeln im Bratenfett anschwitzen, mit dem Zucker bestäuben und karamellisieren lassen. Dann die Zwiebeln mit Ananassaft oder Wasser ablöschen.

In einer großen Kasserolle die Kasselerscheiben auslegen und mit dem Sauerkraut bedecken. Halbierte Weintrauben oder Ananasstücke über das Sauerkraut verteilen und mit der Sahne übergießen.

Bei geschlossenem Deckel 50 Minuten bei kleiner Hitze köcheln lassen.

Alles mit Salz und Pfeffer abschmecken und während der Garzeit den Kartoffelbrei zubereiten. Dafür die Kartoffeln schälen und in große Stücke schneiden. Die Kartoffeln in wenig kochendem Salzwasser ca. 20 Minuten garen. Das Kartoffelwasser abgießen und die Kartoffeln ausdampfen lassen.

Die Kartoffeln mit einem Kartoffelstampfer im noch heißen Topf grob zerdrücken. 60 g Butter und so viel Sahne zugießen, bis unter Stampfen ein geschmeidiger Brei entsteht. Den Brei mit Salz und Muskat würzen und die restliche heiße Sahne beifügen. Der fertige Kartoffelbrei darf nicht mehr kochen.

Die restliche Butter in einer Pfanne aufschäumen und die Semmelbrösel unter Rühren goldbraun rösten.

Den Kartoffelbrei in eine Schüssel füllen und mit der Bröselbutter übergießen.

Die Konsistenz des Kartoffelbreis variiert. Sollte er zu fest sein, mit Butter auflockern. Sollte er zu flüssig sein, die Sahne reduzieren.

Der Clou: Ich mische unter den fertigen Kartoffelbrei ca. 200 g geriebenen Emmentaler. Einfach nur göttlich!

Nudelgerichte

meine liebsten Familien-Rezepte

Spaghetti mit Krabben

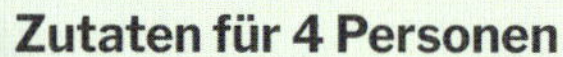

Geniale Rezepte zeichnen sich für mich dadurch aus, dass sie variiert werden können. Um einen Hauch geriebenen Ingwer und 2 TL Chiliflocken ergänzt, eignet sich dieses Gericht für ein smartes Dinner als anspruchsvoller Hauptgang. In der hier notierten schlichten Variante ist es das perfekte, unkomplizierte Abendessen an einem mehr oder weniger hektischen Wochentag, was sich aber dennoch erheblich von den überstrapazierten Spaghetti mit Tomatensauce abhebt.

Im Übrigen ist das Gericht auch blitzschnell zubereitet, wenn nach einem nächtlichen Clubausflug im Morgengrauen der große Hunger kommt. Die Krabben können gegen Garnelen ausgetauscht werden, während man für einen smarten Lunch auf der Terrasse auch einfach Jakobsmuscheln verwenden kann.

Genau die Art von Rezept, die ich liebe: flexibel zuzubereiten, dank Crème fraîche schön cremig in der Konsistenz und dennoch markant durch die Kombination von Zitrone und süßlichem Krabbenfleisch. Dazu ein Glas Rosé und man blickt in rundum glückliche Gesichter.

Zutaten für 4 Personen

500 g Pasta, Spaghetti oder Linguini

1 EL Olivenöl

2 Knoblauchzehen

1 eingelegte Zitrone aus dem Glas

300 g gekochtes, ausgelöstes, zerpflücktes Krabbenfleisch

50 g Crème fraîche, gerne auch 1 EL mehr

Saft und Schale von 1 Bio-Zitrone

Salz und frisch gemahlener schwarzer Pfeffer, nach Belieben

Die Pasta in einen Topf mit kochendem, gesalzenem Wasser geben und nach Packungsanweisung, in der Regel 10 Minuten, al dente kochen.

Inzwischen eine große, tiefe Pfanne bei mittlerer Hitze mit dem Öl ausstreichen.

Die Knoblauchzehen schälen und zerdrücken. Knoblauch (ggfs. ebenso 1 EL frisch geriebenen Ingwer und 2 TL Chiliflocken) für eine Minute in der Pfanne simmern lassen. Dann die eingelegte Zitrone in schmale Streifen schneiden, untermischen, gefolgt von dem Krabbenfleisch und der Crème fraîche, pfeffern und salzen und 2 Minuten köcheln lassen.

Die abgegossene Pasta in die Pfanne geben und alles gut vermischen. Jetzt die abgeriebene Zitronenschale und den ausgepressten Zitronensaft beifügen und alles gut durchmischen.

Vom Kochwasser der Pasta 1–2 EL beifügen, falls die Sauce nicht cremig genug sein sollte.

Die Pasta auf Teller verteilen. Dem ist nichts hinzuzufügen!

Pasta Amore

In Italien nennt sich dieses Gericht Cacio e Pepe, ich liebe es so sehr, dass ich es als absoluten Favoriten präsentiere und bei zahllosen Gelegenheiten Liebesbekundungen dafür erhalten habe. Mein absolutes Leibgericht und so schnell und einfach zuzubereiten, dass es eigentlich mein Geheimnis bleiben sollte. Das Geniale ist, dass es aus Zutaten besteht, die man eigentlich immer zur Verfügung hat und damit spontane Gäste oder unerwartete Besucher stets begeistern kann. Schlichte, delikate, seidige Pasta, gezaubert aus wenigen Zutaten, ist definitiv die hohe Schule des guten Geschmacks. Ob für Kinder oder ein smartes Dinner, jeder wird den Teller ablecken. Da kommt wirklich kein Restaurant mit.

Zutaten für 4 Personen

200 g Parmesan + etwas mehr zum Bestreuen

100 g Pecorino

500 g Pasta wie Linguine, Spaghetti oder Bucatini

Salz und Pfeffer, nach Belieben

3 EL Butter, in Würfeln

1 TL frisch gemahlener schwarzer Pfeffer

1 Ich beginne immer mit dem Reiben der Käsesorten. Wenn Sie für 12 Personen kochen und nicht, wie hier angegeben für 4, wird das eine ganze Menge sein. Es macht aber auch Spaß in Gemeinschaft den Käse zu reiben oder diese doch recht einfache Aufgabe auf jemanden zu übertragen, der meint, nicht kochen zu können.

Einen großen Topf mit Wasser und etwas Salz zum Kochen bringen und die Pasta unter gelegentlichem Rühren ca. 10 Minuten garen. Die Nudeln abgießen und eine Tasse Nudelwasser beiseitestellen.

In einer großen Pfanne 2 EL Butter bei mittlerer Hitze schmelzen, ca. 1 Minute schwenken und den Pfeffer beigeben.

Die Hälfte des Pastawassers hineingießen und simmern lassen. Pasta und restliche Butter beifügen. Hitze herunterschalten und den geriebenen Parmesan kräftig unterheben und dabei schmelzen lassen.

Die Pasta vom Herd nehmen und abschließend den Pecorino unterheben.

Die Pasta in eine große vorgewärmte Schüssel umfüllen und in die Mitte des Tisches stellen. So langt jeder selber zu.

Nach Belieben mit weiterem Parmesan bestreuen.

MRS. WINTERBOTTOM'S
Delicious Traditions
POTATOES
FLOWERS
&
GARDEN

Bolognese halb und halb

Dieser Klassiker ist für mich immer die Rettung, wenn sich eine Rudermannschaft zum Essen ansagt. Auch wenn es zeitlich hektisch zugeht, kann man gut und gerne drei Tage davon zehren und es gehört definitiv in die Kategorie lecker! Jeder mag seine persönliche Art der Bolognese haben, aber die Mischung aus Schwein und Rind verleiht einen leicht süßlichen und äußerst saftigen Charakter. Ob es nun Papardelle, Linguine oder Spaghetti sind, das Schöne ist, dass es immer wieder neu erscheint. Selbstredend können die 4 Knoblauchzehen und auch der Rotwein ersetzt werden, da dieser aber einkocht, habe ich bei Kindern dennoch nicht darauf verzichtet. Es hat bislang wirklich niemandem geschadet. Ganz im Gegenteil, selbst Kinder, die schlechte Esser sind und gerne mäkeln, haben bei mir immer um Nachschlag gebeten.

Zutaten für 8 Personen

1 Zwiebel

1 Karotte

1 Stange Sellerie

4 Knoblauchzehen

2 EL Olivenöl

500 g Rinderhackfleisch

500 g Schweinehackfleisch

400 ml Rotwein

600 g Kirschtomaten aus der Dose

2 EL Tomatenmark

2 TL getrockneter Oregano

1 TL Muskatnuss

800 g Pasta, siehe oben

100 g Parmesan zum Bestreuen

Salz und frisch geriebener Pfeffer, nach Belieben

Die Zwiebel schälen und hacken. Die Karotte und den Sellerie ebenfalls schälen bzw. putzen und fein hacken. Den Knoblauch schälen und zerdrücken.

Eine Kasserolle auf mittlerer Hitze auf dem Herd erwärmen und das Öl beifügen. Vorbereitete Zwiebel, Karotte, Sellerie und Knoblauch beifügen und 5 Minuten anschwitzen. Das gesamte Hackfleisch dazugeben, salzen, pfeffern und solange anbraten bis das Fleisch eine braune Farbe angenommen hat, dies geht recht schnell. Die Mischung mit Rotwein ablöschen und 5 Minuten simmern lassen. Tomaten, Tomatenmark, Oregano und Muskatnuss untermischen, die Hitze reduzieren und auf kleiner Flamme 1 Stunde simmern lassen. Gelegentlich umrühren.

Die Pasta nach Packungsangabe in einem separaten Topf al dente kochen. 2 Tassen Nudelwasser abschöpfen.

Die Pasta abgießen und wieder in den Topf geben. In den Kochtopf der Pasta das Nudelwasser beifügen und kräftig durchrühren. Die Töpfe vom Herd nehmen.

Die Pasta auf die Teller verteilen, ich verwende gerne tiefe Schüsseln, das Ragout auf die Pasta häufen und mit Parmesankäse bestreut servieren.

Fettuccine à la Mama

Dieses Gericht ist eine Abwandlung des Klassikers Fettuccine Alfredo und in 10 Minuten zubereitet. Von daher steht es eigentlich für alles, was meinen Stil des Kochens ausmacht. Alle Zutaten sind aus der Vorratshaltung und es gibt nichts, was man nach einem stressigen Tag schneller und leichter zaubern könnte. Sahne, Butter, Zitrone, Parmesan … Garantiert werden sowohl Kinder als auch eine illustre Gästeschar allesamt die Teller ablecken. Und das Beste ist: Die Anstrengung hält sich in Grenzen, es ist quasi mit links gemacht.

Zutaten für 4 Personen

500 g frische Fettuccine aus dem Kühlregal

1 Bio-Zitrone

1 Knoblauchzehe

110 g Butter

500 ml Sahne

75 g geriebenen Parmesan

Muskatnuss, nach Belieben

1 EL gehackte Petersilie

Salz und frisch gemahlener Pfeffer, nach Belieben

Einen großen Topf Wasser mit einer Prise Salz erhitzen und die Fettuccine 5 Minuten darin aufkochen.

Die Zitrone in dünne Scheiben schneiden. Die Knoblauchzehe schälen. Die Butter fein würfeln.

Eine tiefe Pfanne bei mittlerer Hitze erwärmen. Die Sahne hineingießen und die Zitronenscheiben mit der Knoblauchzehe beifügen. Die gewürfelten Butterstückchen mit einem Schneebesen unterrühren. Die Knoblauchzehe entfernen. Nun den geriebenen Parmesan sowie Muskatnuss unterheben und gut durchmixen.

Die Pasta abgießen. 1 Tasse Nudelwasser beiseitestellen. Die Pasta in die Pfanne mit der Sauce geben, das Nudelwasser beifügen und kräftig vermischen.

Zum Schluss extra Parmesan darüber geben und mit gehackter Petersilie krönen.

Sensationell und in 10 Minuten servierfertig.

Natürlich funktioniert dies auch mit Tagliatelle!

Gnocchi mit Spinat

Zu meinen Vorräten gehört auch immer tiefgefrorenes Gemüse. Seien es Karotten, Kaisergemüse, Erbsen, Spinat oder Suppengemüse, diese Waren werden frisch vom Feld schockgefrostet und kommen in exzellenter Qualität daher. In der Reihe meines 10 Minuten-Repertoires ist dies ein Spitzenreiter. Was meinen Sie, wie es beeindruckt, an einem heißen Sommertag auf die Schnelle eine große Runde hungriger Mägen mit einer solchen Pasta zu bewirten, wenn Sie nur 15 Minuten in der Küche verbracht haben? Dazu ein klassischer Tomatensalat und Ihnen fliegen garantiert alle Herzen zu.

Zutaten für 4 Personen

40 g Butter
100 g TK-Babyspinat
160 g TK-Erbsen
4 EL Basilikumpesto
4 EL Crème fraîche
600 g Gnocchi
ca. 1 Handvoll frische Basilikumblätter
Salz und frisch gemahlener Pfeffer, nach Belieben

Eine große, tiefe Pfanne bei mittlerer Hitze erwärmen und die Butter schmelzen. Babyspinat und Erbsen hinzufügen. Nach 1 Minute unter Rühren das Pesto hinzugeben, die Crème fraîche unterrühren, die Hitze reduzieren und 2 Minuten köcheln lassen.

Inzwischen in einem separaten Topf im Salzwasser die Gnocchi nach Packungsangabe erhitzen. Abgießen, die Gnocchi in die Pfanne geben und kräftig durchmischen.

Das Gericht mit Salz und Pfeffer abschmecken und mit Basilikumblättern bestreut servieren.

Unfassbar delikat!

Carbonara Express

Egal zu welcher Jahreszeit, aus dem Repertoire meiner 10 Minuten-Zaubereien am Herd kommt hier ein weiterer 10 Minuten-Superstar. Egal, ob man vor einem Kaminfeuer auf der Couch diese Schale Pasta gemütlich im Pyjama löffelt, eine Truppe von Kindern auf einer Almhütte damit überrascht oder die Spaghetti an einer edlen Tafel kredenzt, das Rezept ist und bleibt sensationell. In Capri würde es als der ultimative Luxus serviert werden. Da komplett aus der Vorratshaltung gezaubert, genau mein Stil!

Zutaten für 4 Personen

500 g Spaghetti

1 EL Olivenöl

200 g Schinkenstreifen oder Schinkenwürfel, Frühstücksbacon oder Pancetta

1 zerdrückte Knoblauchzehe

2 Eigelbe, Größe L

100 g Sahne oder Crème fraîche

60 g geriebener Parmesankäse + etwas Parmesan zum Bestreuen

Salz und frisch gemahlener Pfeffer, nach Belieben

2 EL gehackte Petersilie

Pasta nach Packungsanweisung in Salzwasser al dente kochen, das dauert normalerweise 9 Minuten.

Die Pasta abgießen und 1 Tasse Nudelwasser aufbewahren. Die Nudeln wieder in den Topf geben.

Währenddessen eine tiefe Pfanne bei mittlerer Hitze mit dem Öl erhitzen. Schinkenstreifen ca. 2 Minuten anbraten, Knoblauch beifügen und eine weitere Minute dünsten.

In einer Schale die Sahne oder Crème fraîche mit den Eigelben und dem geriebenen Parmesan gut und gründlich verquirlen. Bei geringer Hitze nun diese Mischung in die Pfanne zum Schinken hinzufügen, abschmecken.

Die vorbereitete Sauce in den Nudeltopf geben und 1 EL Nudelwasser beifügen. Alles gut durchmischen.

Petersilie beifügen, gut durchmischen, evtl. weiteres Nudelwasser dazugeben, bis sich eine sahnig-cremige Konsistenz ergibt.

Mit Parmesan bestreuen und mit Pfeffer aus der Mühle abrunden. So schnell geht es, einfach nur glücklich zu genießen!

Teutonenpesto

Dies dürfte das leichteste Rezept der Welt sein, man kann es kaum Kochen nennen, denn alle Zutaten werden in einen Mixer gegeben und gut durchgerührt. An dem genialen Geschmack dieser Aromen hängen viele Erinnerungen an heiße Sommertage und glückliche Abendessen auf unserer Terrasse. Wenn alles perfekt sein soll, dekoriere ich den Tisch mit großen Sonnenblumen und meinem gelben Sonnenblumentischtuch, und wenn das Wetter mitspielt, fühlt man sich auf einmal wie in Italien!
Es wird ein großer Topf mit den Spaghetti aufgesetzt, al dente gekocht, abgegossen und das Pesto wird separat dazu gereicht.

Zutaten für 1 Glas

75 g Kerbel
2 Knoblauchzehen
100 g Allgäuer Käse
100 g Sonnenblumenkerne
240 ml Sonnenblumenöl
1 TL Meersalz

Den Kerbel waschen, trocken tupfen und die Blätter abzupfen. Die Knoblauchzehen schälen und hacken, den Käse reiben.

Kerbel, Knoblauch, Käse, Sonnenblumenkerne, Sonnenblumenöl und Meersalz in einen Mixer geben und zu einer sämigen Paste mixen. Alternativ einen Stabmixer nehmen. Mein Gerät nennt sich Zauberstab und häckselt die Zutaten in 30 Sekunden zu der gewünschten Konsistenz.

Spaghetti mit Fleischbällchen in Tomatensauce

Dieses Gericht habe ich früher oft gemeinsam mit meinem Sohn gekocht, denn kleine Kinder sehen nicht viel Unterschied zwischen kneten und matschen im Sand oder im Fleisch- bzw. Kuchenteig. Auch das Rechnen und die Mengenangaben können zügig der Kinderstube anvertraut werden und damit ist es ganz klar, dass unter diesen Bedingungen Nudeln immer auch mit gemeinsam in der Küche verbrachter Zeit und dem Mythos des Zubereitens behaftet sind. Später nennt sich das dann Kochen mit Freunden. Die Fleischbällchen mit den Spaghetti werden bei Kindern schnell zum Lieblingsgericht avancieren und bei Erwachsenen werden glückliche Erinnerungen an die Kinderstube geweckt. Noch heute ist das Rezept ein großer Favorit als Willkommensmahl, ein schnelles Abendessen unter der Woche oder ein Gelage für Übernachtungsbesuche am Wochenende. Ich bleibe hier ganz klassisch bei Spaghetti und empfinde die Konsistenzen in dieser Form als perfekt! Der Geschmack ist sensationell und wird stets einstimmig bejubelt. Übrigens kann die Sauce am Vortag zubereitet, im Kühlschrank aufbewahrt und am nächsten Tag verwendet werden.

Zutaten für 4 Personen

Für die Fleischbällchen:

1 große Zwiebel

2 Knoblauchzehen

50 g geriebener Parmesan

1 EL Thymianblätter, gehackt

½ TL Paprikapulver

1 Ei, Größe L

500 g mageres Rinderhackfleisch

2 EL Olivenöl

Salz und frisch gemahlener Pfeffer, nach Belieben

Für die Sauce:

1 große Zwiebel

2 Knoblauchzehen

600 g stückige Tomaten aus der Dose oder Passata

3 EL Tomatenmark

2 EL Zucker

1 Spritzer Tabascosauce

1 Messerspitze Cayennepfeffer

2 EL gehacktes Basilikum

500 g Spaghetti

Zubereitung siehe nächste Seite

Spaghetti mit Fleischbällchen in Tomatensauce

Für die Fleischbällchen die Zwiebel schälen und hacken und den Knoblauch schälen und zerdrücken. Zwiebel, Knoblauch, Parmesan, Thymian, Paprikapulver, Ei und Hackfleisch in eine große Schüssel geben, salzen, pfeffern und ordentlich durchkneten. Mit angefeuchteten Händen daraus 24 kleine, gleichgroße Fleischbällchen formen, auf eine Platte geben, mit Folie abdecken und für 30 Minuten in den Kühlschrank stellen.

In einer großen, schweren Bratpfanne das Öl erhitzen und die Fleischbällchen bei mittlerer Hitze in 8–10 Minuten von allen Seiten goldbraun anbraten. Am besten lassen sich die Fleischbällchen dabei mit Messer und Gabel vorsichtig wenden. Sie werden in mehreren Portionen vorgehen müssen, da nicht alles auf einmal in die Pfanne passt. Die Fleischbällchen müssen in diesem Stadium auch nicht durchgegart sein, sie sollen nur äußerlich goldbraun sein und werden danach auf mehreren Lagen Küchenpapier beiseitegestellt.

Für die Sauce Zwiebel und Knoblauch schälen. Die Zwiebel hacken und den Knoblauch zerdrücken.

Knoblauch und Zwiebel in die bereits benutzte Pfanne geben und für 10 Minuten anschwitzen. Die Hitze reduzieren und bei geschlossenem Deckel für weitere 10 Minuten auf kleiner Flamme simmern lassen.

Stückige Tomaten, Tomatenmark, Zucker, Tabasco und Cayennepfeffer beifügen und unterrühren. In die Packung der stückigen Tomaten 300 ml Wasser füllen, nur die Rückstände durchschwenken und den Inhalt zu der Sauce geben. Salzen, pfeffern und die Sauce bei hoher Hitze 10 Minuten gut durchkochen lassen.

Die Fleischbällchen in die Sauce geben, die Hälfte des gehackten Basilikums beifügen und unter gelegentlichem Rühren bei geschlossenem Deckel weitere 10 Minuten bei kleiner Flamme simmern lassen. Bei diesem Vorgang werden die Fleischbällchen gegart.

Derweil die Spaghetti nach Packungsanleitung al dente kochen, abgießen.

Die Spaghetti auf Tellern anrichten, mit einer Kelle die Fleischbällchen mit Tomatensauce in die Mitte geben und das restliche Basilikum drüberstreuen.

Kochend heiß servieren. Ein Kindheitstraum!

Desserts

meine liebsten Familien-Rezepte

Dekadenz im Glas

Hier eine weitere Wunderwaffe für alle Süßschnäbel und ausgemachten Gourmets. Eigentlich aus Restbeständen kreiert, gibt es keine Feiertage ohne eine große Glasschale mit dieser göttlichen Diva unter den Desserts. Männer werden dabei ganz schnell zahm, böse Buben kleinlaut und hungrige Sportler glücklich und zufrieden! Auf jeden Fall ein Begleiter für den nächsten Netflix-Marathon!

Zutaten für 1 große Schüssel

500 g gemischte TK-Beeren + je eine frische Erdbeere, Blaubeere und Himbeere zum Garnieren

70 g brauner Zucker

50 ml Creme de Cassis

200 g Madeirakuchen, in Scheiben geschnitten

250 g Mascarpone

1 TL Vanilleextrakt

500 g Vanillepudding oder 500 g selbst zubereiteten Mändelchenpudding

300 ml Sahne

etwas Zucker

In einem Topf die Beeren mit dem Zucker auf kleiner Hitze erwärmen und 2 Minuten simmern lassen. Creme de Cassis beifügen und unterrühren. Die Beerenmischung beiseitestellen und abkühlen lassen.

Eine Schale mit in Scheiben geschnittenem Madeirakuchen auslegen und ⅔ der Beerenmischung darüber verteilen.

In einer Schüssel den Mascarpone mit Vanilleextrakt glattrühren und mit dem Mixer den vorbereiteten, ausgekühlten Mändelchenpudding oder Vanillepudding unterschlagen. Diese Masse auf die Beeren aufstreichen.

Die Sahne mit Zucker steifschlagen, in lockeren Tupfen auf der Creme verteilen und mit den frischen Beeren garnieren.

Das fertige Dessert in den Kühlschrank stellen und durchziehen lassen.

Marmormousse mit kandierten Rosenblättern

Viele meiner Fans, die meinen Weg begleitet haben, werden sich noch heute daran erinnern, wie ich das Perfekte Promi-Dinner gewonnen habe und zum Abschluss mit meinem Dessert für Liebesbekundungen gesorgt habe. 100 Punkte für Désirée und weil es so gut schmeckt, liefere ich das Rezept für 10 Personen. Ein zuverlässiger Showstopper und eigentlich zum Reinknien! Leicht und erfrischend und bei Jung und Alt gleichermaßen beliebt!

Zutaten für 10 Portionen

300 g Himbeeren
250 g Zucker
12 Blatt Gelatine
500 g Sahne
1 kg Magerquark
3 Bio-Zitronen
kandierte Rosenblätter für die Deko (s. S. 102)

Die Himbeeren mit 100 g Zucker pürieren.

7 Blatt Gelatine nach Packungsanweisung in kaltem Wasser einweichen. Derweil die Sahne steif schlagen.

4 EL Himbeerpüree abnehmen und in einem Topf erwärmen. Die gut ausgedrückte Gelatine hinzugeben und unter Rühren auflösen. Das erhitzte Himbeerpüree nun gründlich unter das restliche Himbeerpüree rühren. Die Himbeermasse anschließend in einer Schüssel mit 500 g Magerquark homogen verrühren. Nun die Hälfte der steifen Sahne unterheben. Die Masse 1 Stunde kaltstellen.

Die restlichen 4 Blatt Gelatine nach Packungsanweisung in kaltem Wasser einweichen.

Die Schale von den Zitronen in eine große Rührschüssel reiben und den Zitronensaft auspressen.

Den Zitronensaft erwärmen und die ausgedrückte Gelatine darin unter Rühren auflösen.

Diese Mischung mit 500 g Magerquark und 150 g Zucker in die Rührschüssel mit der Zitronenschale geben und kräftig durchmixen. Zum Schluss die restliche steife Sahne unterheben und kaltstellen.

Wenn beide Cremes gelieren, aber noch nicht ganz fest, sondern leicht flüssig sind, beide Schüsseln gleichzeitig in ein großes Serviergefäß laufen lassen und mit einer Gabel mit kreisförmigen, drehenden Bewegungen marmorieren.

Mit kandierten Rosenblättern dekorieren und servieren.

Kandierte Rosenblütenblätter

Duftende, ungespritzte Rosenblüten, am besten aus dem eigenen Garten.

Zutaten für ca. 80 Rosenblütenblätter

2 EL Gummiarabikum aus der Apotheke

4 EL Rosenwasser

ca. 80 Rosenblüten

Kristallzucker zum Darüberstreuen

Das Gummiarabikum im Rosenwasser auflösen, indem es minutenlang gerührt wird und keine Klümpchen mehr enthält.

Mit einem Backpinsel die gelösten Blütenblätter einzeln und beidseitig mit der Masse bestreichen.

Den feinen Zucker darüber rieseln lassen und 1–2 Tage zum Trocknen auslegen. Fertig!

Zitronencreme für Kinder

Es gibt wahrlich auch völlig harmlose Klassiker, die im Laufe von Jahrzehnten Generationen beglückt haben und immer weitergegeben werden. Wann immer wir Kindergeburtstage oder Sommerfeste feierten oder unseren Beitrag zu Schulfesten oder bunten Büffets geleistet haben, dieses Rezept ist und bleibt der Hit. Ob Kinder, Erwachsene, Männer oder Frauen, meine Kinder-Zitronencreme verbindet Jung und Alt.
Die Zitronengötterspeise on top ist einfach jener Teil der Kindheit, den man in die Hosentasche steckt und immer bei sich trägt. Der Clou: Vitamin- und eiweißreich ist dieses erfrischende Dessert auch noch.
Da schlagen die Herzen höher! Ganz besonders, wenn sie im Downtown Abbey-Style serviert wird!

Zutaten für 12 Portionen

4 Blatt Gelatine
Saft und Schale von 2 Bio-Zitronen
500 g Magerquark
120 g Zucker
1 Schuss Mineralwasser
250 g Sahne
Zucker, nach Belieben
4 Blatt Gelatine
1 Packung Götterspeise Zitrone
Waffeln für die Deko

Gelatine nach Packungsanweisung in kaltem Wasser einweichen.

Die Zitronen heiß abwaschen, die Schale abreiben und den Saft auspressen. Den Zitronensaft erwärmen.

Den Quark mit dem Zucker, der Zitronenschale und einem Schuss Mineralwasser glattrühren.

Die Gelatine gut ausdrücken und im lauwarmen Zitronensaft unter Rühren auflösen. Diese Mischung zur Quarkcreme geben und alles zu einer homogenen Masse verrühren. Kurz im Kühlschrank abkühlen lassen.

Die Sahne nach Belieben mit etwas Zucker steifschlagen und unter die Quarkmasse heben. Die Creme im Kühlschrank kaltstellen und fest werden lassen.

Die Götterspeise nach Packungsanweisung zubereiten und zum Abkühlen in einer mit kaltem Wasser ausgespülten flachen Schale erstarren lassen. Anschließend stürzen und in Würfel schneiden. Die Götterspeisenwürfel auf der Zitronencreme verteilen und mit Waffeln dekorieren.

Trifle Royal

So viele britische Haushalte es gibt, so viele Trifle-Rezepte gibt es. Ich allerdings hatte die große Ehre, es von der persönlichen Köchin von Princess Diana zu bekommen, die ich in den 80er-Jahren in der deutschen Botschaft in London kennenlernte. Und wenn man einmal in den Genuss gekommen ist, gibt es keinen Anlass, daran etwas zu verändern. Es gab bei uns zu Hause niemals große Diskussionen um das Dessert, es gab einfach immer Trifle Royal! Geeignet ist dafür eine wunderschöne gläserne Trifle-Schale als prachtvolles Centerpiece oder aber man schichtet alles portionsweise in kleinere Cocktailgläser oder Dessertschälchen ein. Was dem Italiener sein Tiramisù, ist dem Briten sein Trifle!

Zutaten für 4 Portionen

300 g Erdbeer-Götterspeise (½ Päckchen)
300 g Sahne
etwas Zucker
etwa 20 Amaretti
125 g frische Blaubeeren
125 g frische Himbeeren
4 EL Creme de Cassis
125 g Brombeeren
Zucker, nach Belieben
1 Schuss Vanilleextrakt
125 g frische Erdbeeren
1 Handvoll gehackte Minze
4 Minzzweige, Himbeeren und eine Erdbeere für die Deko

Die Götterspeise nach Packungsanweisung zubereiten und im Kühlschrank erstarren lassen.

Die Sahne mit dem Zucker steif schlagen.

Die Hälfte der gekühlten Götterspeise in Würfel schneiden und ins Glas geben, darauf die Hälfte der Sahne streichen. Die Amaretti zerbröseln und auf die Sahne streuen. Die restliche Götterspeise auf die Amaretti geben.

Eine Schicht Blaubeeren und eine Schicht Himbeeren darüber geben und mit Cassis beträufeln.

Die Brombeeren mit einer Prise Zucker, etwas Wasser und Vanilleextrakt aufkochen und durch ein Sieb streichen. Diese Mischung zu der Hälfte der verbliebenen Sahne geben und gut durchrühren. Mit dieser Sahnemasse die Blaubeeren abdecken.

In Scheibchen geschnittene Erdbeeren auf die Brombeersahne geben. Die gehackte Minze unter die restliche Sahne rühren und die Minzsahne über die Erdbeeren geben. Als abschließende Krönung die Minzblättchen, die Himbeeren, sowie eine Erdbeere obenauf setzen.

Auf jeden Fall im Kühlschrank 24 Stunden durchziehen lassen.

Es besteht keinerlei Veranlassung, dieses Rezept genau zu befolgen. Natürlich kann man die Reihenfolge der Schichten, die Früchte und die Sorte der Götterspeise abwandeln. Machen Sie sowohl saisonal, zum Beispiel mit Mango und Kiwis, als auch gemäß Ihrer Vorlieben daraus Ihr ganz persönliches Trifle Royal.

Gebäck & Torten

meine liebsten Familien-Rezepte

Bananen-Walnuss-Kekse

Seit Jahrzehnten backe ich diese Kekse, sie sind meine Standard-Biskuits und werden immer in großen Dosen aufbewahrt. Sie stehen jederzeit zur Verfügung und sind absolutely delightful for Teatime. Oftmals verpacke und verschenke ich sie auch. Jedenfalls sind sie relativ weich und ein absoluter Hochgenuss, nebenbei noch die beste Verwertung für überreife Bananen. Wenn man unterwegs ist und sie als Proviant mitnimmt, bleibt davon garantiert nichts übrig. Ein absoluter Klassiker aus meinem Repertoire.

Zutaten für 2 Bleche

2 große reife Bananen
100 g weiche Butter
175 g brauner Zucker
1 Päckchen Bourbon-Vanillezucker
1 Ei, Größe L
2 TL Zitronensaft
200 g Weizenmehl
1 ½ TL Backpulver
½ TL Zimt
1 Prise Muskatnuss
75 g Walnusskerne
75 g Vollmilchschokolade
1 Prise Salz

Den Backofen auf 180°C Umluft vorheizen. 2 Bleche mit Backpapier auslegen.

Die Bananen schälen und grob klein schneiden.

Butter, Zucker und Vanillezucker mit der Küchenmaschine schaumig schlagen, dann das Ei zufügen und weiter rühren, bis eine helle, cremige Masse entsteht. Nun die Bananen schnell pürieren und mit Zitronensaft abrunden.

Das Mehl mit dem Backpulver vermischen und kurz unter die Bananenmasse heben, mit Muskat abschmecken. Diese Mischung zu der Buttercreme geben und gut durchrühren. Den Teig jedoch nicht zu lange mixen, er wird sonst zu fest.

Die Schokolade und die Walnüsse grob hacken und unter den Teig heben.

Mit 2 Esslöffeln aus dem Teig runde Häufchen formen und diese auf das Backpapier setzen. Genügend Abstand lassen, da die Kekse beim Backen etwas auseinanderlaufen. Im vorgeheizten Ofen in 14–18 Minuten goldbraun backen. Sie sollten weich sein, härten beim Auskühlen etwas nach, bleiben aber stets zart schmelzend.

Marzipantorte mit Rosen

Es gibt Rezepte, die mich ein Leben lang begleiten. Schon immer habe ich Marzipan in allen Variationen geliebt und damit beim Backen viel experimentiert. Bei diesem Rezept wird das Marzipan so fein in den Teig eingearbeitet, dass es kaum entlarvt werden kann. Verzückt von der Konsistenz, die auf der Zunge zergeht, ist der zartrosafarbene Guss aus Puderzucker mit jeglicher Form liebevoller Dekoration die absolute Krönung. Ob sie einen tea for two planen, diese Torte als Überraschung einer Freundin zum Geburtstag mitbringen oder die Familie an einem sommerlichen Tag damit verzaubern, meine Marzipantorte mit Rosen hat ihren Effekt nie verfehlt: der ultimative Glücklichmacher.

Zutaten für 1 Torte

Utensilien: 1 Springform, ø 24 cm

200 g Marzipan

5 Eier, Größe L

200 g Zucker

300 g weiche Butter

300 g Weizenmehl

2 TL Backpulver

2 EL Rosenwasser

Für den Guss:

250 g Puderzucker

1 EL Rosenwasser

rosa Speisefarbe

Marzipanrosen + kandierte Rosenblätter (s. S. 102) zum Verzieren

Den Backofen auf 180°C Umluft vorheizen und die Springform einfetten.

Das Marzipan mit einer Küchenreibe grob in Späne hobeln.

Die Eier mit dem Zucker in der Küchenmaschine schaumig rühren. Das Marzipan beifügen und kräftig schlagend unterrühren. Die weiche Butter hinzufügen und unterrühren. Das Mehl mit dem Backpulver vermischen und unterheben. Zum Schluss das Rosenwasser unterrühren.

Den Teig in die vorbereitete und gut gefettete Springform geben, glattstreichen und im vorgeheizten Ofen abgedeckt 45–50 Minuten backen. Wird der Kuchen zu dunkel, mit Alufolie abdecken. Am Ende eine Stäbchenprobe machen – bleibt noch Teig am Holzstäbchen hängen, die Backzeit verlängern. Die Torte aus dem Ofen nehmen und gut auskühlen lassen.

Für den Guss den Puderzucker mit dem Rosenwasser zu einer zähen Masse verrühren, die Speisefarbe unterrühren. Vorsichtig mit ein wenig Speisefarbe beginnen und dann soviel dazugeben, bis die gewünschte Farbe erreicht ist.

Die Masse mit einer Palette ebenmäßig auf dem Kuchen verteilen und mit Marzipanrosen und kandierten Rosenblättern verzieren.

Pfirsichtorte dekadent

Mit karamellisierten reifen Pfirsichen holt man sich automatisch den Sommer ins Haus. Dies in Kombination mit Orangensahne und einem luftig leichten Blätterteig ist eine Geschmacksexplosion, die Jung und Alt begeistert. Diese Torte ist der Inbegriff einer kulinarischen Sommertorte und dabei noch vitaminreich und gesund. Die Torte sieht recht rustikal, ja man könnte sagen, bäuerlich aus. Sie passt zu einem Picknick oder kann als Dessert an einem Grillabend oder Buffet gereicht werden. Ich habe sie auch schon mit Pfirsichhälften aus der Dose zubereitet und der Erfolg war genauso groß. Unbedingt probieren! Dieses Rezept hat so viele Kindergeburtstage und heiße Sommertage begleitet, selbst Gourmetköche sind begeistert. Und fix geht es auch noch … genial!

Zutaten für 1 Torte

Utensilien: 1 tiefe gusseiserne Bratpfanne, ø 24 cm

100 ml Wasser

150 g Zucker

70 g Butter

Mark von ½ Vanilleschote

6 reife, süße, große Pfirsiche

325 g Fertigblätterteig aus der Kühltheke

250 g Crème fraîche

1 TL geriebene Orangenschale

2 TL Orangenblütenwasser

Den Backofen auf 180°C Umluft vorheizen.

Eine tiefe gusseiserne Bratpfanne bei mittlerer Hitze erwärmen, das Wasser hineingeben und den Zucker unter Rühren darin auflösen. Dann die Hitze erhöhen und die Zuckermischung 12–14 Minuten simmernd zu einem Sirup einkochen lassen, bis es eine goldbraune Farbe angenommen hat. Das Mark der ½ Vanilleschote mit der Butter 2–3 Minuten in den Sirup einrühren, bis sich eine karamellartige Konsistenz ergibt.

Die Pfirsiche halbieren und entsteinen und mit der offenen Seite nach oben in der Pfanne auf dem Karamell arrangieren.

Den Blätterteig auf die Größe der Bratpfanne ausrollen, über die Pfirsiche legen und die Enden nach unten drücken, so dass die Pfirsiche darin eingebettet sind. In die Mitte des Blätterteiges mit einem scharfen Messer 3 größere Schlitze machen, so dass Luft eindringen kann.

Die Bratpfanne in den vorgeheizten Ofen stellen und 1 Stunde backen. Die Oberfläche muss golden sein.

Derweil die Crème fraîche mit Orangenwasser und abgeriebener Orangenschale aufschlagen.

Die Pfanne aus dem Ofen nehmen und den Kuchen lauwarm auskühlen lassen.

Eine große Servierplatte umgekehrt auf die Pfanne legen und den Blätterteig stürzen. Mit einem Messer in 8 Stücke schneiden.

Die Orangensahne in kleinen Tupfern separat dazu reichen.

Glasierter Orangenkuchen

Wenn man wie wir die britische Bitterorangenmarmelade liebt, dann kommt man an diesem Kuchen nicht vorbei. Ich backe ihn wie im Original in einer Ringform und befülle die Mitte stets mit frischen gelben Blumen der Saison, wie z. B. Narzissen oder Osterglocken. Im Herbst dekoriere ich den Kuchen mit kandierten Orangenscheiben. Es gibt auch die Möglichkeit, kandierte Orangen zur Hälfte in heiße Schokolade einzutauchen und damit den Kuchen zu verzieren.

Das Rezept und das Flair dieser Delikatesse ist britisch, traditionell, authentisch und zeitlos und das aus gutem Grund. Die Zubereitung gelingt im Handumdrehen und mein English Tea Orange Cake gehört bei mir einfach zu einem gelungenen Wochenende. Jeder Gast ist begeistert, mein Orangenkuchen bedeutet für mich Gemütlichkeit in ihrer delikatesten Form.

Zutaten für 1 Kuchen

Utensilien: 1 Ringform, ø 22 cm

225 g Butter + zum Einfetten

225 g Weizenmehl + zum Bestäuben

225 g Zucker

4 Eier, Größe L

abgeriebene Schale von 2 großen Bio-Orangen

175 g Bitterorangenmarmelade, mit mittelfein geschnittenen Schalenstückchen

2 TL Backpulver

Für den Guss:

fein abgeriebene Orangenschale und 3 EL Saft von 2 Bio-Orangen

175 g Puderzucker

Für die Deko:

kandierte Orangen, nach Belieben

Schokoladenglasur, z. B. von Dr. Oetker

Die Ringform fetten und mit Mehl bestäuben. Den Backofen auf 160°C Umluft vorheizen.

Butter und Zucker in der Küchenmaschine schaumig rühren, bis die Mischung blass und cremig ist. Die Eier aufschlagen und einzeln untermischen. Sollte etwas gerinnen, sofort ein wenig Mehl beimischen. Die Orangenschale direkt in die Schüssel reiben und die Marmelade unterrühren.

Mehl und Backpulver sieben und vorsichtig unterheben. Weder zu kräftig noch zu lange rühren. Den Teig mit einer Suppenkelle in der Ringform verteilen und im vorgeheizten Backofen 35 Minuten backen. Danach noch 10 Minuten in der Form stehen lassen.

Während der Kuchen im Ofen ist, für den Guss die Orangenschale in eine Schüssel reiben und den Puderzucker darüber sieben. Die 3 EL Orangensaft nach und nach einrühren, eventuell genügen auch 2 EL. Die Konsistenz muss so zäh sein, dass wenig davon seitlich hinunterläuft.

Den abgekühlten Kuchen stürzen, mit einer Gabel rundum Löcher in den Kuchen einstechen und den Guss oben drüber verteilen. Der Guss kann an den Seiten ruhig etwas hinunterlaufen und wird den Kuchen wunderbar durchtränken.

Banoffee-Torte

Ab und an muss man sich für besondere Momente Zeit freischaufeln und mit der eigenen Backkultur ein Zeichen setzen. Es ist so leicht, durch Backen Erinnerungen zu schaffen, anderen eine Freude zu machen und zu zeigen, wie individuell die persönliche Note beim Backen doch ist. All die Ergebnisse, die ich produziere, sind so völlig anders als das, was vom Profi kommt. Es ist jedoch genau das Selbstgemachte und die persönliche Kreativität, die den Charme des Backens ausmacht. Früher oder später wird man zum Experimentieren mit den besten Zutaten angeregt. All das hat Backen zu meinem liebsten Hobby gemacht und an meiner Bananentorte mit gesüßter Dosenmilch kommt keiner vorbei! Karamell, Toffee und Bananen – ein Eldorado für Süßschnäbel und kleine und große Kinder, man könnte auch sagen: eine richtige Schweinerei!

Zutaten für 1 Torte

Utensilien: 1 Springform, ø 18 cm

300 g Butterkekse

80 g gemahlene Haselnüsse

120 g geschmolzene Butter

Für die Füllung:

90 g Butter

90 g braunen Zucker

400 g gesüßte Kondensmilch, z. B. Milchmädchen

Für das Topping:

3 reife Bananen

300 ml Sahne

etwas Zucker

1 Päckchen Sahnesteif

80 g geschmolzene dunkle Schokolade

Die Springform mit Packpapier auslegen.

Die Kekse im Mixer zerbröseln, bis sie Brotkrumen ähneln. Die Haselnüsse und die geschmolzene Butter dazugeben und ca. 30 Sekunden vermischen. Die Masse in die Springform geben und den Boden mit der Rückseite eines Esslöffels fest und flach andrücken. Den Boden in den Kühlschrank stellen und fest werden lassen.

Währenddessen die Füllung zubereiten. Dafür in einem Topf die Butter mit dem Zucker schmelzen und unter milder Hitze rühren, bis ein Karamell entsteht. Die Kondensmilch dazugeben und 2–3 Minuten unter Rühren aufkochen lassen. Aufpassen, dass der Boden nicht anbrennt. Diese Masse auf den Keksboden gießen, gleichmäßig verteilen und für 1 Stunde im Kühlschrank abkühlen lassen.

Die geschälten Bananen in Scheiben schneiden und auf dem Karamell in der Springform arrangieren.

Die Sahne mit Zucker und Sahnesteif aufschlagen und auf den Bananen verteilen. Die geschmolzene Schokolade darüber träufeln.

Bis zum Servieren im Kühlschrank aufbewahren und gut durchziehen lassen. Kalt in Stücke schneiden.

Limonencheesecake

Wer liebt keinen New York Cheesecake? Ich habe absolut nichts gegen ein nahezu obszön fettiges und cremiges Meisterwerk aus den USA, das muss ich zugeben. Aber ich freue mich auch, wenn ich danach mit relativ gutem Gewissen schlafen kann und mein Cholesterinhaushalt nicht kollabiert. So habe ich eine schnelle, unkomplizierte Alternative entwickelt, die gut umsetzbar ist und ein hinreißendes Ergebnis liefert. Ob es nun Zitronen oder Limonen sind, das Topping ist so leicht und luftig und das in Kombination mit dem buttrigen Boden, so geht automatisch die Sonne auf. Ich empfehle, diesen Cheesecake bis zu 2 Tage im Voraus herzustellen und ihn richtig gut durchkühlen zu lassen, die perfekte Hausfrau macht gleich 2 Stück davon und hält ein Exemplar davon immer tiefgekühlt parat. Unbedingt probieren!

Zutaten für 1 Kuchen

Utensilien: 1 Springform, ø 28 cm

250 g Butterkekse

80 g gemahlene Mandeln

100 g zerlassene Butter

300 ml süße Sahne

1 Pck. Sahnesteif

150 g Zucker

340 g Frischkäse, Doppelrahmstufe, z.B. von Philadelphia

abgeriebene Schale und Saft von 3 Bio-Zitronen oder Limonen

geriebene Limonenschale, essbare Blüten oder Blumen oder Schmetterlinge aus Esspapier für die Deko

Die Springform einfetten.

Die Kekse und die gemahlenen Mandeln mit einem Mixer zerkleinern, bis sich eine feine Konsistenz, wie Paniermehl, ergibt. Die flüssige Butter beifügen und ca. 30 Sekunden durchmixen.

Diese Mischung in die vorbereitete Springform geben und mit der Rückseite eines Esslöffels andrücken. Den Boden kaltstellen.

Die Sahne halbsteif schlagen. Sahnesteif und Zucker beifügen und weiterschlagen. Nun den Frischkäse, geriebene Zitronenschale und Zitronensaft unterschlagen und auf hoher Geschwindigkeit solange weiterschlagen, bis die Masse homogen, leicht und luftig ist. Sollte die Konsistenz nicht fest genug sein, einfach 1–2 EL mehr Frischkäse einarbeiten. Da die Menge des Zitronensaftes je nach Zitrone abweichen kann, kann auch die Konsistenz der Creme unterschiedlich sein.

Die Crememasse auf dem Keksboden glatt verstreichen.

Den Kuchen in den Kühlschrank stellen und dort mindestens 4 Stunden fest werden lassen.

Den Cheesecake 30 Minuten vor dem Servieren aus dem Kühlschrank nehmen und auf eine Tortenplatte setzen. Die Mitte mit geriebener Limonenschale bestreuen und die Tortenstücke mit essbaren Blüten, oder Blumen und Schmetterlingen aus Esspapier garnieren.